Albert Willem de Groot

Der antike Prosarhythmus

Verlag
der
Wissenschaften

Albert Willem de Groot

Der antike Prosarhythmus

ISBN/EAN: 9783957008534

Auflage: 1

Erscheinungsjahr: 2016

Erscheinungsort: Norderstedt, Deutschland

Hergestellt in Europa, USA, Kanada, Australien, Japan
Verlag der Wissenschaften in Hansebooks GmbH, Norderstedt

Cover: Sandro Botticelli "Die Verleumdung des Apelles" (1495)

.

Verlag
der
Wissenschaften

DER ANTIKE
PROSARHYTHMUS

VON

A. W. DE GROOT

ZUGLEICH FORTSETZUNG DES HANDBOOK
OF ANTIQUE PROSE-RHYTHM

I

HERAUSGEGEBEN MIT UNTERSTÜTZUNG DES
GRONINGER UNIVERSITÄTSFONDS

VERLAG VON J. B. WOLTERS — GRONINGEN, HAAG, 1921

Inhalt.

Vorwort.

Die moderne Literatur über den antiken Prosarhythmus trägt einen, man möchte fast sagen, naiven Charakter. Denn jeder weiß, daß metrische Prosa von nicht metrischer abweicht und daß die Eigentümlichkeiten der metrischen Texte eben dort liegen, wo sie von nicht metrischen Texten abweichen. Darüber können sich wohl alle Untersucher einigen. Und die Untersuchungsmethode ergibt sich daraus von selbst: Vergleichung von metrischen mit nicht metrischen Texten. Denn auch das wird man kaum bestreiten können: die große Häufigkeit einer Form bedeutet nur dann, wenn diese Form in nicht metrischen Texten weniger häufig ist, daß die Form gesucht wurde.

Diese einfachen Tatsachen werden aber in der modernen Literatur völlig verkannt. Es gibt nur sehr wenig Werke, in denen dieser Gedanke mehr oder weniger konsequent durchgeführt worden ist. Fast alle namhaften Untersucher gehen davon aus, daß, wenn eine Form häufig ist, sie gesucht ist. Es kann daher nicht wundernehmen, wenn man von einem allgemeinen Dilettantismus auf diesem Gebiet gesprochen hat (E. Howald — in der Besprechung meiner Arbeiten — Griechische Philologie, 1920, 68). Dieses Fehlen einer wissenschaftlichen Untersuchungs- und Beweismethode ist aus der Philologie selbst zu verstehen. Es hat drei Ursachen: 1. die geläufige philologische Arbeitsmethode; 2. die Unbekanntheit mit den auf diesem Gebiete bekannten einwandfreien Arbeitsmethoden; 3. die Abneigung gegen diese Methoden. Jetzt, wo die Zeit gekommen scheint, in erster Linie die methodologischen Fragen, die den Anfang jeder Untersuchung bilden müssen, zu erledigen, ist es notwendig, sich klarzumachen, wo die eigentlichen Gründe der jetzigen Methode liegen.

Wie ich sagte, ist die erste Ursache die geläufige philologische Methode. Dem Philologen kommt es darauf an zu wissen, ob eine gewisse Spracherscheinung vorkommt, also z. B. ob ein Wort überhaupt vorkommt, oder ob ein Wort oder eine Wortverbindung in einem gewissen Sinne vorkommt. Kommt *testa* in einer gewissen Sprachperiode im Sinne von Kopf vor? Um das zu wissen, genügt es zu untersuchen, ob es ein oder zwei Stellen gibt, an denen es unstreitbar diesen Sinn hat. An diese Untersuchungsmethode schließt sich die Beweisführung an: *testa* im Sinne von Kopf ist an zwei Stellen belegt; damit ist die Erscheinung ganz sichergestellt.

Dieselbe Methode ist auch auf die Metrik anwendbar. Hat Homer fünfsilbige Schlußwörter der Form $-\smile\smile-\smile$ zugelassen? Es genügt auf ein oder zwei Stellen zu verweisen, um die Sache außer Frage zu stellen. Diese Methode wird aber unbewußt auch auf das Gebiet des Prosarhythmus übertragen.

Die zweite Ursache ist die Unbekanntheit mit den hier zulässigen Methoden. Wenn man weiß, daß die Form $-\smile--\smile$ bei Cicero am Ende des Satzes in 12% Häufigkeit vorkommt, mag diese Zahl sehr hoch scheinen, Wert erhält diese Tatsache aber erst dadurch, daß man weiß, daß ihre Häufigkeit in nicht metrischer Prosa etwa 8% ist. Man hat aber selbstverständlich nur eine beschränkte Anzahl von Fällen untersucht. Kann daher nicht nur ein Zufall im Spiele sein? Welche Bedeutung darf man einer Prozentzahl 12 beilegen, welche einer Prozentzahl 8? Und mehr noch: Welche Bedeutung hat die Differenz von 12% zu 8%? Darf man daraus auf eine wirkliche Tendenz bei Cicero schließen? Soll die Beantwortung dieser Frage nur dem subjektiven Gefühl überlassen werden?

Das sind Fragen, wo die Wahrscheinlichkeitsrechnung mitzureden anfängt. Ihre Gesetze und Methoden sind in den exakten Wissenschaften erforscht worden. Wer gründlich überlegen will, was er in solchen Fällen behauptet und was er behaupten darf, kann nicht umhin, auf die bezüglichen rein mathematischen Fragen einzugehen.

Die dritte Ursache ist die Abneigung gewisser Philologen gegen die Statistik. Zahlen, Statistiken und Instrumente sind in den Geisteswissenschaften nicht eben populär. Religions-, Kunst- und Kulturwissenschaft arbeiten auf einem Gebiete, wo, im allgemeinen gesagt, von Addieren und Kalkulieren nicht die Rede sein kann. Wer könnte da aber geneigt sein, auf dem Gebiet des Prosarhythmus, wo es darauf ankommt, die feinsten Schattierungen der ästhetischen Tendenzen, die in der Kunstprosa wirksam sind, aufzudecken, mechanische Berechnungen zuzulassen? Wer erinnert sich nicht, wie große Vorsicht man mit diesen Methoden z. B. auf dem Gebiete der historischen Syntax üben muß, und wie leicht man dort zu übereilten Schlüssen kommt und gekommen ist? Und daß dasselbe gerade auch auf dem Gebiet des Prosarhythmus oft der Fall war, wer könnte das bestreiten?

Mich erinnert dieser ausgesprochene oder unausgesprochene Kampf an denjenigen, den die Experimentalphonetiker haben erleiden müssen (B. Sweet, The practical study of languages. New York 1900, 46; F. M. Josselyn, Etude sur la phonétique italienne. Thèse Paris 1900, 9 ff.). Und besonders erinnert er mich daran, daß einer der hervorragendsten modernen Phonetiker die Bedeutung einer der typischen Leistungen der nicht experimentellen Phonetik, nämlich der Jespersen'schen analphabetischen Zeichenschrift, mit den Worten charakterisiert hat, daß dieser Schrift nur orientierender Wert zukomme (Zwaardemaker, Onderzoekingen physiologisch laboratorium Utrecht, 5de reeks, XI 1910, 310).

Dasselbe möchte ich nun von den Arbeiten Zielinskis, W. Meyers und anderer auf dem Gebiet des Prosarhythmus behaupten. Sie haben für wissenschaftliche Untersuchungen auf diesem Gebiete nur orientierenden Wert. Man kann es den in den exakten Wissenschaften geschulten Untersuchern nicht übelnehmen, wenn sie an den Statistiken Zielinskis lächelnd vorübergehen; der Wert solcher Untersuchungen für uns liegt aber darin, daß sie uns darauf aufmerksam gemacht haben, welche Faktoren im Prosarhythmus eine Rolle spielen können: z. B. Anordnung von langen und kurzen Silben,

Wortlänge innerhalb der metrischen Reihen, Anordnung von betonten und nicht betonten Silben usw. Der Vergleichungsmethode bleibt es vorbehalten zu zeigen, ob sich die Behauptungen Zielinskis und anderer bestätigen lassen (daß das nicht immer der Fall ist, darauf brauche ich hier nicht einzugehen) und ob von dort aus weiterzukommen ist.

Wer Prosarhythmus untersucht, kann nur die Vergleichungsmethode anwenden. Wer aber die Vergleichungsmethode anwendet, muß mit Statistiken arbeiten. Ich will hiemit nicht sagen, daß darin das Wesentliche des .Prosarhythmus zu suchen wäre, und daß die Zahlen das letzte Wort zu sprechen hätten. Davon kann gar nicht die Rede sein. Aber auch mit Philosophieren ohne Zahlen, mit ästhetischen Spekulationen ohne Tatsachenmaterial oder mit solchem, welches auf falschen Vorstellungen beruht, kommen wir nicht weiter; die Zahlen haben nicht das letzte, sondern das erste Wort zu sprechen.

Dieses Buch geht also von dem Gedanken aus, daß nur dort von einer Vorliebe für eine metrische Bildung die Rede sein kann, wo sie häufiger ist als in nicht metrischer Prosa, und daß sich diese Tatsache nur durch einen Vergleich mit nicht metrischer Prosa feststellen läßt.

Es versteht sich, daß eine Arbeit, die die Geschichte des antiken Prosarhythmus behandeln will, sich mehrfach mit der bis jetzt einzig vorliegenden Darstellung derselben, der »Antiken Kunstprosa« Nordens, berühren muß. Den Fachgenossen wird es einerseits nicht entgehen, wieviel ich diesem schönen Buche verdanke, anderseits aber auch nicht, daß ich in allen wesentlichen Punkten, wo der Prosarhythmus in Frage kommt, von ihm abweiche. Die Rechtfertigung meiner Auffassungen soll gerade dieses Buch bringen.

Um so besser konnte ich mich hier frei aussprechen, weil derjenige, welcher die »Antike Kunstprosa« bestreitet, nicht mehr Norden selbst bestreitet. Auch wird der Einsichtige, vor allem Norden selbst, verstehen, daß, wenn gelegentlich, wo es galt seither festgewurzelte Irrtümer zu beseitigen, ein scharfes Wort fallen mußte — amicus Plato, magis amica veritas — das nicht als Angriff auf die damalige

Bedeutung des Werkes, dessen Erscheinen ein Ereignis war,
aufgefaßt werden kann. Seit dem Aufsatz von Wilamowitz,
»Asianismus und Attizismus« (Hermes, 35, 1900, 1 ff.), in dem
er darauf aufmerksam machte, daß Norden zu viel die Entwicklung innerhalb der verschiedenen Literaturgenera vernachlässigt hat, ist Norden zu einem der Führer auch auf diesem
Gebiet geworden, wie es besonders seine Geschichte der
römischen Literatur in Gercke-Nordens Einleitung in die Alter-
tumswissenschaft zeigt.

Die in den Zeitschriften erschienenen oder mir brieflich
mitgeteilten Bemerkungen Ammons habe ich auch hier reichlich
verwerten können; auch habe ich dank der Vielheit seiner
Kenntnisse meine Arbeit an manchen Stellen ergänzen
können. Nachträglich bemerke ich, daß ich nicht mehr die
Gelegenheit hatte, auf die schöne »Germanische Urgeschichte«
Nordens Bezug nehmen zu können.

Der zweite Teil dieser Studien wird voraussichtlich Anfang 1922 erscheinen; dieser wird auch das Register enthalten.

Zum Schlusse bitte ich Fräulein Albertine Aldekamp in
Nordhorn, für die grammatische und stilistische Korrektur der
Arbeit meinen besten Dank entgegennehmen zu wollen.

Dem Groninger Universitätsfonds, der die Herausgabe
ermöglicht hat, bin ich zu großem Dank verpflichtet.

Groningen, 1. März 1921.

Abkürzungen: Hb. = de Groot, A. W., A handbook of antique prose-
rhythm I. Groningen — The Hague 1918.
De num. or. = de Groot, A. W., De numero oratorio
latino. Diss. Groningen 1919.

Die antike Kunstprosa.

I. Einleitung.

Das Verständnis des antiken Prosarhythmus im allgemeinen
und der Prosametrik im besondern, besonders in ihrer historischen Entwicklung, ist die unerläßliche Vorbedingung für
das Verständnis der antiken Literatur überhaupt. Es ist ausgeschlossen, daß es jemandem gelänge, zu einer richtigen
ästhetischen Würdigung der antiken Kunstprosa zu kommen,
ohne die rhythmischen Elemente dieser Prosa zu verstehen.
Ebensowenig könnte das bei Homer oder Vergil der Fall sein.
Kein Kunstmittel der Rede ist in dem Maße im Altertum
selbst Gegenstand · ausführlicher Erörterung und lebhafter
Polemik gewesen, keines hat den Gegensatz zwischen Strömungen, Schulen und Perioden schärfer bezeichnen können.
Um, vom modernen Denken und Fühlen ausgehend,
die Bedeutung des Prosarhythmus einigermaßen annähernd
abschätzen zu können, muß man zweierlei im Auge behalten.
Erstens, daß die Metrik, ich meine damit die Anordnung von
langen und kurzen Silben, uns ein völlig fremdes Gebiet ist,
daß im Altertum dagegen die metrischen Gesetze in der
Poesie und in der späteren Prosa bis zur Ausnahmslosigkeit
Geltung hatten. Zweitens, daß die antike Literatur in Ursprung
und Wesen eine akroatische Literatur ist. Auf diesen letzten
Faktor muß ich ein wenig näher eingehen.

Akroatisch war die antike Literatur, und sie ist es bis
in die spätesten Zeiten geblieben, nicht nur die Redekunst,
sondern auch die anderen Literaturzweige (vgl. E. Rhode,
Der griech. Roman, 1876, 304—305). Die auditiven Sprach-
vorstellungen treten den visuellen gegenüber stark in den
Vordergrund, besonders wenn man die modernen Literaturen
zum Vergleich heranzieht. Dieses Hervortreten der auditiven
Seite der Sprache ist wiederum begründet in der Tatsache,

daß das Altertum schon eine bedeutende Literatur hatte, als von Verbreitung und Übertragung auf visuellem Wege nicht die Rede sein konnte und daß auch später die auditive Art der Verbreitung (nicht aber die auditive Art der Überlieferung) die gewöhnliche war. Die antike Literatur soll gehört, nicht gelesen werden. Die großen Schwierigkeiten bei der schriftlichen Vervielfältigung, das rege öffentliche Leben und der Charakter des Südländers sind hiebei die bestimmenden Faktoren.

Die älteste Poesie wurde mündlich überliefert. Herodot las sein Geschichtswerk vor und konnte es nur auf diese Weise zu größerer Bekanntheit bringen. Die älteste attische Literatur wurde in erster Linie auf der Bühne, in der Volksversammlung, im Gerichtssaale und von den Sophisten gehört. Die Historiker lasen, wie die Dichter, in Olympia und an anderen Orten ihr Werk vor. Die Wortspiele, die Wahrscheinlichkeitsbeweise der Redekunst, die »gorgianischen« und anderen Figuren, die kunstvolle Periodisierung der Rede und so viel anderes — nichts von dem war darauf berechnet, gelesen zu werden. Thukydides sagt von den alten Historikern nicht, daß man sie liest, sondern er gebraucht die Wörter (I, 21—22) ἀκρόασις und (I, 22) ἀκούειν und es würden sich überhaupt zahllose · solche Stellen heranziehen lassen. Bis in die spätesten Zeiten war die schriftliche Verbreitung kaum mehr als ein Mittel, in weiteren Kreisen gehört zu werden (ich erinnere hier auch an Apok. Joh. I, ‾3: μακάριος ὁ ἀναγινώσκων καὶ οἱ ἀκούοντες τοὺς λόγους τῆς προφητείας). So las man vor der Herausgabe seinen Freunden das Werk vor und der Leser war eigentlich nur Selbstvorleser.

Dazu kam, daß die geistige Ausbildung der Jugend schon von den ältesten Zeiten an nur auf das öffentliche Leben: Gerichtssaal oder Volksversammlung, gerichtet war. Man wurde in erster Linie nicht zum administrativen Magistraten, sondern zum Redner herausgebildet; das übrige kam von selbst. Daher hat schon von den ältesten Zeiten an die praktische Rhetorik die Poesie beeinflußt, wie es zum Beispiel die griechische Tragödie zeigt. Daß sich diesem

Einfluß die Historiographie, die nicht wissenschaftliche Literatur, sondern Belletristik war, nicht entziehen konnte, versteht sich. Daneben hat dann das allbeherrschende Prinzip der Mimesis das ihrige getan.

Daher sind es die akroatischen Kunstmittel der Rede, die mit Vorliebe angewendet wurden; ein solches κατ' ἐξοχήν war der Prosarhythmus.

Die Geschichte des antiken Prosarhythmus ist ein Spiegel der Literaturgeschichte. Jede Änderung im Geschmack der Zeit, jede literarische Opposition wird von ihm reflektiert. Einfluß der Poesie auf die Prosa, Abneigung gegen diesen Einfluß, Imitation und Parodie, Opposition gegen moderneres Stilgefühl und Zurückkehr zu den alten Klassikern, Kanonisierung der Kunstvorschriften, hellenistischer Einfluß in Rom, Reaktion dagegen, erneuter griechischer Einfluß, alle diese und viele andere nicht weniger bedeutsame Ereignisse lösen sogleich die Reaktion der Prosametrik aus.

Wenn man die Geschichte des Prosarhythmus von diesem Standpunkte aus betrachtet, und ich glaube, daß es die einzige Betrachtungsweise ist, die dauernden Wert haben wird, so geht die Untersuchung aus von der Frage, welche Texte rhythmisch sind, und führt auf das neue Problem: welche zeitliche und persönliche Differenzen lassen sich nachweisen? Wie hängen diese Differenzen mit den geistigen Strömungen der Zeit und mit den individuellen Auffassungen und ästhetischen Tendenzen zusammen?

So habe ich meine Aufgabe aufgefaßt und keiner weiß besser als ich, daß diese Arbeit nur eine Vorarbeit sein kann. Mit großen Strichen habe ich angeben wollen, was auszuarbeiten mehrere Jahrzehnte gefordert hätte. Möge es mir aber gelungen sein, der künftigen Forschung hier und dort neue Anregung gegeben zu haben!

Die antike Kunstprosa verfügt, wenn ich von Nebensächlichem absehe, über zwei rhythmische Mittel: 1. die Metrik, also die Anordnung von langen und kurzen Silben, 2. die Periodisierung, also die Anordnung von einander

ähnlichen, bisweilen mit anderen abwechselnden Satzteilen
zu einem rhythmischen Ganzen, der Periode. Das Verhältnis
dieser beiden Faktoren zueinander gehört zu den wichtigsten
Momenten in der Geschichte der antiken rhythmischen Prosa.
Wir werden damit anfangen, die ältesten Zeugnisse
über den antiken Prosarhythmus zu betrachten. Dies geschieht nicht, um diese zwei oder drei uns zufällig überlieferten Stellen als maßgebend für die folgende Untersuchung zu betrachten, sondern um uns vorläufig zu orientieren. Wir werden nicht behaupten, daß sie mehr als persönliche Äußerungen aus einer bestimmten Periode sind.
Wie sie sich geschichtlich einreihen lassen, wird sich später
zeigen.

Die ältesten uns erhaltenen Zeugnisse sind die Urteile,
die Platon durch seine Parodien über die Redekünstler seiner
Zeit und ihre metrischen Kunstmittel ausspricht. Besonders
interessant ist sogleich die ironische Parodierung des Euenos,
von dem wir wenig mehr wissen, als daß er, bezeichnenderweise, Dichter und Sophist zugleich war. Offenbar wirft
Platon ihm auf seine Weise vor, daß er den prosaischen
Stoff metrisch gestaltet habe (Phaidr. 267 A):

τὸν δὲ κάλλιστον Πάριον Εὐήνον ἐς μέσον οὐκ ἄγομεν, ὃς ὑπο-
δήλωσίν τε πρῶτος εὗρεν καὶ παρεπαίνους — οἱ δ'αὐτὸν καὶ παρα-
ψόγους φασὶν ἐν μέτρῳ λέγειν μνήμης χάριν — σοφὸς γὰρ ἀνήρ.

Wichtig für uns, wie es sich später zeigen wird, ist nun
außerdem die Beobachtung, daß die von Platon hier und
anderswo im Phaidros parodierte Metrik die dithyrambische,
also z. B. nicht die epische ist. Ganz in derselben Weise
parodiert er gleich den Gorgias mit seinen homoio-
teleuta usw. Auch hier kommen Daktylen und Trochäen,
Jamben und Choriamben bunt durcheinander vor:

Τεισίαν δὲ Γοργίαν τε ἐάσομεν εὕδειν,οἳ πρὸ τῶν ἀληθῶν τὰ εἰκότα
εἶδον ὡς τιμητέα μᾶλλον, τά τε αὖ σμικρὰ μεγάλα καὶ τὰ μεγάλα σμικρὰ
φαίνεσθαι ποιοῦσιν διὰ ῥώμην λόγου, καινά τε ἀρχαίως τά τ'ἐναντία
καινῶς, συντομίαν τε λόγων καὶ ἄπειρα μήκη περὶ πάντων ἀνηῦρον;

‒⏑‒⏑ ‒⏑‒⏑ ‒⏑⏑‒‒, ‒⏑‒⏑‒‒ ‒⏑⏑‒⏑ ‒‒‒⏑⏑‒⏑,
‒⏑‒‒‒⏑⏑‒⏑⏑‒‒, ‒⏑⏑‒⏑⏑‒⏑⏑‒⏑‒ ⏑⏑‒‒⏑⏑‒.

Wie hohen Wert Platon hier auf die metrische Gestaltung des Satzes legt, geht besonders daraus hervor, daß er sogar die »gorgianischen« Figuren gelegentlich umändert, um metrische Reihen zu erreichen. So würden wir erwarten: καινά τε ἀρχαίως τά τ' ἀρχαῖα καινῶς. Wir lesen aber: – – – ᴗᴗ – ᴗᴗ – – : καινά τε ἀρχαίως τά τ' ἐναντία καινῶς. Und auch sonst fügt er Ditrochäen und Hexameterschlüsse ein: ἐάσομεν εὕδειν, τά εἴκοτα εἶδον, τιμητέα μᾶλλον, ἄπειρα μήκη, πάντων ἀνηῤον, und den Hexameteranfang: συντομίαν λόγων.

In derselben Weise imitiert Platon den Prodikos, den Hippias, Polos, Thrasymachos und Likymnios. Offenbar rügt er hier die Anwendung dithyrambischer Metra in nicht gehobener Prosa, wie er sie selbst auch nur zum Ausdruck hochpoetischer Gedanken oder hochpoetischer Stimmungen gebraucht. Diese Metra müssen damals, dessen kann man sicher sein, sehr allgemein gewesen sein, sonst hätte Platon sie nicht in dieser Weise parodieren können. Merkwürdig ist nun aber, daß Platon in den nicht gehobenen Partien seiner Werke doch eine gewisse Metrik geflissentlich sucht: der Unterschied zwischen diesen grundverschiedenen Arten von Metrik gibt nun, wie wir später sehen werden, den Schlüssel zu Platons metrischer Eigenart und zu seinen Auffassungen.

Das zweite hier in Betracht kommende Zeugnis ist dasjenige des Isokrates aus seinen Fragmenten (aus der 'τέχνή'): »Die Rede soll nicht ganz unmetrisch sein, sonst wäre sie zu ξηρός: auch soll die Metrik der Rede keine Versmetrik sein, sonst würde sie zu sehr ins Auge springen. Sie soll jede Art Metrik durcheinander verwenden, besonders aber Jamben und Trochäen Es folgen andere Vorschriften:

ὅλως δὲ ὁ λόγος μή λόγος ἔστω· ξηρὸν γάρ· μηδὲ ἔμμετρος· καταφανὲς γάρ· ἀλλά μεμίχθω παντί ῥυθμῷ, μάλιστα ἰαμβικῷ ἤ τροχαικῷ.

Die Praxis seiner Reden ist damit in Übereinstimmung: von Anwendung irgendwelcher Versmetra finden wir keine Spur. Eine besondere Behandlung des Satzendes scheint er nicht zu empfehlen, sonst würde er das wohl vor den folgenden Vorschriften getan haben; auch zeigt die Metrik seiner Schlüsse keine erheblichen Abweichungen von

nicht metrischer Prosa. Allerdings vermeidet er die Formen
‒◡◡‒◡◡, ‒◡◡‒◡◡‒, ‒◡◡‒‒◡◡‒ und einige andere am Satzende, aber daß das, worauf es hier ankommt, eine besondere
Eigentümlichkeit des Satzendes ist, für diese Annahme
liegen bis jetzt keine Gründe vor.

Als drittes und wichtigstes Zeugnis kommen die bezüglichen Stellen der Rhetorik des Aristoteles in Betracht (Rhet.
III, 8, 1, p. 1408 b, und 9, 3—4, p. 1409 a, b). Um Mißver-
ständnissen vorzubeugen, erkläre ich hier ausdrücklich, daß
ich hier wie sonst die Wörter Rhythmus und rhythmisch,
Metrik und metrisch im modernen, nicht im antiken Sinne
gebrauche. Daher meine ich mit Rhythmus usw. wirklich
Rhythmus im allgemeinsten Sinne, wie man den Begriff z. B.
gerne auf die bildende Kunst überträgt. Unter Metrik verstehe
ich alles, was sich auf die mehr oder weniger bewußte Abwechslung von kurzen und langen Silben in Versen bezieht,
und nur das. Unter Versmetrik verstehe ich die Abwechslung
von langen und kurzen Silben in Versen. Daher umfaßt der
Begriff Rhythmus auch die Metrik und der Begriff Metrik
auch die Versmetrik.

»Die Rede soll weder Versmetrik haben noch ohne jede
Metrik sein   Denn was keine Metrik hat, ist endlos und
unabgeschlossen, es soll aber abgeschlossen werden (d. h.
man soll das Gefühl haben, hier ist die Rede zu Ende), nicht
aber vermittels Versmetrik. Denn was unabgeschlossen ist,
ist unangenehm und ἄγνωστον. Alle Dinge lassen sich aber
abgrenzen durch Rhythmus. Was ist aber der der Sprache
eigentümliche Rhythmus? Die Metrik. Davon ist aber die
Versmetrik nur ein Teil. Daher soll die Rede Metrik haben,
aber keine Versmetrik, denn sonst würde sie zum Vers. Auch
soll die Metrik nicht zu genau durchgeführt werden: diesem
Fehler wird aber dadurch vorgebeugt, daß die Metrik bis zu
einem gewissen Punkte geht.«

Die Metra lassen sich nach dem Verhältnis der Moren
in den Füßen in drei Gruppen teilen: 1. 1/1 ‒◡◡‒◡◡‒◡◡ usw.,
2. 2/1 ‒◡‒◡‒◡, 3. 3/2 ◡◡◡‒◡◡◡‒◡◡◡‒. Von diesen Metra
ist nur das dritte keine Versmetrik (im Gegensatz zu den
beiden ersten), und es ist daher am meisten für die prosaische

Rede geeignet. Die Form $\_ \cup \cup \cup$ ist geeignet für den Anfang des Satzes, die Form $\cup \cup \cup \_$ für das Ende. »Denn diese bildet wirklich eine Abgrenzung, nimmt daher das Endlose des Satzes weg. Eine kurze Endsilbe macht den Satz κολοβόν. Der Satz soll mit einer langen Endsilbe abgeschlossen werden und das Ende des Satzes soll weder durch den Schreiber noch durch das Zeichen, sondern durch die Metrik deutlich sein.«

τὸ δὲ σχῆμα τῆς λέξεως δεῖ μήτε ἔμμετρον εἶναι μήτε ἄρρυθμον· τὸ μὲν γὰρ ἀπίθανον (πεπλάσθαι γὰρ δοκεῖ) καὶ ἅμα καὶ ἐξίστησιν· δὲ ἄρρυθμον ἀπέραντον, δεῖ δὲ πεπεράνθαι μέν, μὴ μέτρῳ δὲ· ἀηδὲς γὰρ καὶ ἄγνωστον τὸ ἄπειρον. περαίνεται δὲ ἀριθμῷ πάντα· ὁ δὲ τοῦ σχήματος τῆς λέξεως ἀριθμὸς ῥυθμός ἐστιν, οὗ καὶ τὰ μέτρα τμητά. διὸ ῥυθμὸν δεῖ ἔχειν τὸν λόγον, μέτρον δὲ μή· ποίημα γὰρ ἔσται. ῥυθμὸν δὲ μὴ ἀκριβῶς· τοῦτο δὲ ἔσται ἐὰν μέχρι του ᾖ. οὗτος δὲ ($\cup \cup \cup \_$) τελευτὴν ποιεῖ· ...ἀλλὰ δεῖ τῇ μακρᾷ ἀποκόπτεσθαι καὶ δήλην εἶναι τὴν τελευτὴν μὴ διὰ τὸν γραφέα μηδὲ διὰ τὴν παραγραφήν, ἀλλὰ διὰ τὸν ῥυθμόν.

Fassen wir es kurz zusammen, so empfiehlt Aristoteles erstens die Vermeidung der dithyrambischen Metra (Daktylen und Trochäen) und zweitens eine besondere Behandlung des Satzendes (und des Satzanfangs). Vielleicht meint er sogar die Länge der Klausel mit den Worten, »daß die Metrik bis zu einem gewissen Punkte geht«.

Es kommt aber noch eine andere Stelle des Aristoteles in Betracht (Rhet. III, 9, 3). Dort ist von Metrik nicht die Rede. Er behandelt den Gegensatz zwischen der λέξις εἰρομένη und der λέξις κατεστραμμένη. Die letzte ist die ἐν περιόδοις, die periodisierte Rede. Was ist das? »Unter Periode verstehe ich einen Satz, der selbst Anfang und Ende hat und ein übersichtliches Ganzes bildet. Er ist angenehm zu hören und bleibt besser im Gedächtnis das letzte, weil er eine gewisse Regelmäßigkeit oder einen gewissen Rhythmus hat, was immer am besten dem Gedächtnis hilft. Aus diesem Grunde behält man auch Verse besser, weil sie einen gewissen Rhythmus haben, nach dem sie metrisch gebildet sind.«

λέγω δὲ περίοδον λέξιν ἔχουσαν ἀρχὴν καὶ τελευτὴν αὐτὴν καθ' αὑτὴν καὶ μέγεθος εὐσύνοπτον. ἡδεῖα δ' ἡ τοιαύτη καὶ εὐμαθής, ἡδεῖα μὲν τοῦτο δὲ, ὅτι ἀριθμὸν ἔχει ἡ ἐν περιόδοις λέξις, ὁ πάντων εὐμνημονευτότατον. διὸ καὶ τὰ μέτρα πάντες μνημονεύουσι μᾶλλον τῶν χύδην· ἀριθμὸν γὰρ ἔχει ᾧ μετρεῖται.

Von Metrik ist hier nicht die Rede, nur vom Rhythmus im allgemeinen. Aristoteles gebraucht sogar ein noch allgemeineres Wort als unser Rhythmus, nämlich *arithmos*. Auch wird nicht gesagt, daß jede rhythmische Prosa periodisiert ist, nur sagt er, daß jede Periode rhythmisch ist, aber das Wort metrisch gebraucht er nicht. *Arithmos* ist nun aber bei Aristoteles ein ziemlich allgemeiner Begriff, der in seiner Philosophie eine große Rolle spielt; darauf kann ich hier aber nicht eingehen. Ich betone das aber deshalb, weil Norden die Worte ἀριθμὸν ἔχει ἡ ἐν περιόδοις λέξις als einen Beleg dafür anführt, daß rhythmische und periodisierte Prosa identisch seien, eine Auffassung, die offenbar auf einer falschen Interpretation des Wortes *arithmos* beruht (Antike Kunstprosa, 42).

Ich werde nun in Einzelheiten auf diese Stellen hier nicht eingehen. Wir werden uns jetzt orientieren können. Wir haben einige Faktoren kennen gelernt, die in der Geschichte des Prosarhythmus eine Rolle spielen können. Darunter scheint die Frage, ob die Versmetrik in der Prosa gemieden sein soll (wobei unter Versmetrik wohl die dithyrambische Metrik zu verstehen ist) eine große Rolle zu spielen, daneben aber auch die Frage, ob das Ende des Satzes nicht auf eine besondere Weise metrisch gebildet sein soll. Drittens haben wir gesehen, daß nach Aristoteles ein Satz sowohl durch die Metrik als auch durch die Periodisierung rhythmisch sein kann. Auch darauf werden wir also zu achten haben.

Drei Perioden.

Wir werden jetzt sehen, was sich über die Entwicklung des antiken Prosarhythmus im allgemeinen sagen läßt. Die bestimmenden Faktoren in dieser Entwicklung sind 1. das Verhältnis zur Poesie, 2. die Art der Poesie, von der die Prosa beeinflußt wird, 3. das Problem der Kombination des höheren Rhythmus, der Periodisierung, mit der Metrik.

Der wichtigste Wendepunkt in der Entwicklung ist nun der, wo die Prosa nicht mehr die Poesie nachahmt, sondern sich ihr bewußt entgegensetzt. Vor dieser Zeit ist die Metrik der Prosa wesentlich Versmetrik, nach dieser Zeit wird jede Versmetrik geflissentlich gemieden. Die erste Entwicklungsstufe umfaßt die vorplatonische Zeit und läßt sich wieder in zwei Perioden, die ich als die erste und die zweite oder als die vorattische und die sophistische bezeichne, verteilen. Die zweite Entwicklungsstufe werden wir die dritte Periode nennen: sie umfaßt, wenn ich von Einzelheiten absehe, die ganze folgende Zeit. Die Metrik ist jetzt der Periodisierung völlig untergeordnet und jede Versmetrik wird gemieden; erst die Wiederbelebung der poetischen Prosa während der zweiten Sophistik hat die Versmetrik in der Prosa zu neuem Leben erwecken können. Um diese dritte Periode zu verstehen, müssen wir etwas ausführlicher auf das Verhältnis der Poesie zur Prosa im allgemeinen eingehen. Zuvor werden wir aber die vorattische und die sophistische Prosametrik zu charakterisieren versuchen.

Die erste Periode umfaßt, allgemein gesagt, keine attische Prosa. Es fehlt noch jede bewußte, kunstvolle Periodisierung. Die maßgebende Versmetrik ist nur und fast nur die epische. Die Metrik beherrscht nicht nur die gehobene poetische, sondern auch die historische und philosophische Prosa, wie sich denn auch die logographische Prosa an die genealogische Dichtung anschließt.

Die zweite Periode fällt ungefähr mit der Periode der sophistischen Prosa zusammen. Allmählich entwickeln sich Isokolie und kunstvolle Periodisierung überhaupt. Die Prosa wird jetzt nicht mehr in dem Maße von der epischen, sondern besonders von der dithyrambischen Metrik beeinflußt. In Übereinstimmung damit ist die Metrik auf diejenige Art Prosa beschränkt, die sich an den Dithyrambus anschließt, nämlich die gehobene oder quasi gehobene, die poetische oder quasi poetische.

Es versteht sich, daß sich hier, sobald wir an die Texte und an die Persönlichkeiten herantreten, nicht immer scharfe Grenzen ziehen lassen. Nichtsdestoweniger bleibt die Tatsache, daß der Unterschied ein wesentlicher, historisch begründeter ist. Erst in der zweiten Periode entsteht das ästhetische und technische Problem des Verhältnisses zwischen dem höheren Satzrhythmus, der in der Isokolie und der Periodisierung überhaupt zutage tritt, und der Metrik. Die uns erhaltenen ältesten Zeugnisse über den Prosarhythmus datieren zusammen aus einer Zeit, wo die Prosametrik und der Prosarhythmus im allgemeinen schon eine ganze Entwicklung durchgemacht hatten. Übereinstimmung herrscht darin, daß die Versmetrik in der Prosa etwas Verwerfliches sei. Und bei Aristoteles ist die Metrik schon völlig der Periodisierung untergeordnet und soll in der Hauptsache auf den Anfang und den Schluß des Satzes beschränkt sein. Positives über die Metra, die man anwenden soll, geben sie kaum, nur einige Allgemeinheiten; aber vom historischen Standpunkt würde das auch nicht das Wesentliche an ihnen sein.

Das Verhältnis der Prosa zur Poesie.

Sowohl in der vorattischen als auch in der sophistischen Periode steht also die Prosametrik und die Prosa überhaupt unter dem Einflusse der Poesie. Ich kann nicht umhin, wie viel darüber auch in der modernen Literatur schon gesagt ist, diesen Einfluß hier zu besprechen. Dabei werde ich aber nur dasjenige etwas ausführlicher berücksichtigen, was ich in der Literatur nicht gefunden habe.

Als die Prosa in der griechischen Literatur als mögliche Kunstform anerkannt wurde, fand sie auf allen Gebieten eine für ihre Zeit vollendete Poesie vor. Diese Poesie war außerdem allgemein verbreitet und volkstümlich. Sie umfaßte alle Gebiete: die Epik, die Lyrik, die praktische Didaktik, die wissenschaftliche Literatur wie die Historiographie, die Geographie, die Philosophie. Sie war die zu den öffentlichen Festen und Agonen einzig zugelassene Kunstform. Sie verfügte über alle damals bekannten Kunstmittel der Sprache und hatte diese durch eine jahrhundertelange Tradition schon einerseits schablonenhaft, anderseits raffiniert ausgebildet. Es galt hier von der Poesie zu lernen und mit ihr zu wetteifern, zwei Tendenzen, die z. B. den Sophisten sehr wohlbekannt waren und von ihnen zu wiederholten Malen ausgesprochen wurden.

Damit haben wir den außerordentlich starken Einfluß der Poesie auf die ältere Prosa, man möchte fast sagen, das Abhängigkeitsverhältnis, begründet; jetzt gilt es zu wissen, wie dieser Anschluß zum Ausdruck kommt. Auf welchen Gebieten, in welchen εἴδη besteht der Einfluß? In welcher Form äußert er sich?

Es läßt sich nachweisen, daß die Prosa allmählich auf verschiedenen Gebieten die Poesie abgelöst hat (Wendland, Anaximenes von Lampsakos. Berlin 1905, 81). Die Ablösung fängt mit den mehr objektiv gefärbten Gattungen an: »Zuerst verdrängt in den Theogonien, Genealogien, Periegesen die Prosa die poetische Form; die Logographen nehmen die Stelle der Epiker, wie die Geschichtenerzähler die der Rhapsoden ein.« Erst später erstreckt sich die Nachahmung auch auf die mehr subjektive Poesie: »Im fünften Jahrhundert tritt neben den poetischen θρῆνος und das Grabepigramm wenigstens bei öffentlicher Totenfeier die Grabrede. Bei den agonistischen Festen tritt bald die Prunkrede neben die musikalischen Leistungen. Die prosaische ἐγκώμιον löst das poetische ab, und überhaupt sucht die epideiktische Rhetorik seit Gorgias die bewußte Konkurrenz mit der Poesie.«

Ich unterscheide hier also zwischen den mehr objektiven und den mehr subjektiven Gattungen. Es versteht sich, daß sich die Prosa der letzteren, die doch viel weniger »prosaisch« waren, erst später bemächtigt. Daraus erklärt sich auch, daß die Versmetrik, die wir in der ersten Periode des Prosarhythmus in der Prosa finden, eigentlich nur die epische ist, und daß sich erst in der zweiten Periode, in der epideiktischen Prosa, neue Metra geltend machen, und zwar, dem Zeitgeschmacke und der hervortretenden Stellung des Dithyrambus gemäß, die dithyrambische.

Der Einfluß der Poesie auf die Prosa im allgemeinen kann in verschiedener Weise zutage treten, und zwar 1. im Inhalt, 2. in der Sprache, 3. in der Metrik. Es versteht sich, daß diese drei untrennbar miteinander zusammenhängen; uns geht hier aber in erster Linie die Metrik an.

Der Einfluß kann in der Metrik zweifacher Art sein: entweder ein positiver, wo bewußte oder unbewußte Nach-

ahmung vorliegt, oder ein negativer, wo jede Versmetrik
bewußt oder unbewußt gemieden wird.

Die Nachahmung tritt nun aber in der antiken Literatur
unter zwei Aspekten hervor, von denen der letztere bis jetzt
nicht genügend gewürdigt ist. Der erstere ist die Anwendung
der Versmetrik in der Prosa, Vorliebe für epische oder dithyrambische Metra, für Hexameterschlüsse usw. Der zweite
umfaßt die Reminiszenz und das bedeckte, als solches nicht
erwähnte Zitat.

Durch die Untersuchungen Lundströms (Eranos 15, 1915,
Nya Enniusfragment 1 ff.) ist jetzt außer Frage gestellt, daß
diese Art des Zitierens in der antiken Prosa eine durchaus
übliche war, was besonders betreffs der Enniuszitate in
Sallust, Livius und Tacitus Norden und Leo entgangen ist.
Weil seine in schwedischer Sprache gehaltene Abhandlung
manchen deshalb wohl schwer zugänglich ist, hebe ich daraus
einzelnes hervor.

Er hat also in einem glänzenden Aufsatz nachgewiesen,
daß es bei den Alten sehr üblich war, ein literarisches Werk
mit den mehr oder weniger modifizierten Anfangsworten eines
bekannten früheren Werkes anzufangen, um damit die Ab-
hängigkeit von dem Verfasser oder die Bewunderung für ihn
zum Ausdruck zu bringen. Bis jetzt ist diese Gewohnheit
nicht im größeren Zusammenhang beobachtet worden, weil
solche Zitate oft ohne Angabe des Urhebers angeführt werden.
Diesen Brauch und denjenigen der nicht angekündigten Zitate
belegt er durch zahlreiche Beispiele, darunter folgende:

Ennius bei Varro l. l. V, 42: hunc antea montem Satur- nium apellatum prodiderunt et ab eo late (nach einer alten Konjektur Merulas: Latium et) Saturniam terram, ut Ennius appellat.	Columella, I, praef. 20: itaque in hoc Latio et Saturni terra, ubi di fructus agrorum progeniem suam docuerant, etiam (offenbar hat Ennius geschrieben: hoc Latium et Saturnia terra)
Thukydides I, 1.	Krepereios bei Lucia- nus, Πῶς δεῖ ἱστορίαν 15: χρε- πέρηος χαλπουρνιανὸς Πομπήϊο

πολίτης συνέγραψε τὸν πόλεμον
τῶν Π. καὶ 'Ρ. ὡς ἐπολέμησαν πρὸς
ἀλλήλους, ἀρξάμενος εὐθὺς ξυνι-
σταμένου.

Homerus.	Livius Andronicus: virum mihi Casmena, insece versutum. Vgl. Vergilius usw.
Caesar. Bell. Gall. I. 1. Gallia omnis.	Tacitus, Germania 1 Germania omnis.
Caesar.	Tacitus, Germania 28 (Anfangsworte des speziellen Teiles): validiores olim Gallorum res fuisse summus auctorum divus Iulius tradit.
Cicero, De oratora I, 1: cogitanti mihi saepe 'numero et memoria vetera repetenti Quinte frater Cicero, Orator I, 1: Utrum negare tibi saepius idem roganti, Brute,	Minucius Felix, Octavius, Anfang: cogitanti mihi et cum animo meo memoriam recensenti... (sogar die Metrik, besonders seit Demosthenes beliebt, ist erhalten geblieben: _ ᴗ _ _ ᴗ _ .). Tacitus Dialogus1:saepe ex me requiris, Juste Fabi,.. Apulejus, De mundo I: consideranti mihi et diligentius intuenti et saepe alias, Faustine fili usw.
Ennius, Annalen fr. 465 oder ähnliches: audirest operae pretiumst	Livius, Anfang: facturusne operae pretium.

Auf ähnliche Weise bringt er mit Ennius in Zusammenhang:

Sallustius Jugurth. 5, 1
bellum scripturus sum quod populus Romanus cum Jugurtha rege Numidarum gessit.

> primum quia magnum et atrox
> *variaque* victoria fuit.
> Livius 21, 1, 1: In parte
> operis mei liçet mihi praefari,
> quod in principio summae totius
> professi plerique sunt scriptores,
> *bellum* maxime omnium memo-
> rabile, quae unquam gesta sint,
> me *scripturum quod* Hanni-
> bale duce Carthaginienses
> *cum populo Romano gessere*.
> adeo *varia* fortuna belli

Die Übereinstimmung geht auf Caelius Antipater, in letzter Linie wohl wieder auf Ennius zurück.

Tacitus fängt also zwei seiner Werke mit solchem Zitat an. Wenn man bedenkt, daß der Titel Annalen sogleich an Ennius erinnert, liegt es auf der Hand, in den Anfangsworten

Urbem Romam a principio reges habuere

ein Enniuszitat zu vermuten, um so mehr, weil sowohl die Metrik als auch die Sprache sehr wohl von Ennius herrühren können. Soweit Lundström.

Man kann wohl nicht leugnen, daß diese Untersuchungen für die Beurteilung der allmächtigen antiken Mimesis, einer Erscheinung, mit der sich der Mos maiorum in der Politik sehr wohl vergleichen läßt, großen Wert haben. Für uns sind sie deshalb besonders wertvoll, weil sich gerade in der Art des Zitierens und in der Wahl des Vorbildes deutlich zwei Gruppen von Autoren, besser gesagt zwei Arten von Prosa, unterscheiden lassen. Die eine Gruppe umfaßt die Prosa, welche sich in der Wahl der Worte und in der Metrik gerne an die Poesie anschließt: Sallustius, Livius, Tacitus in seinen historischen Werken, vielleicht auch Columella. Die andere Gruppe bildet die, welche sich in bewußtem Gegensatz von der Poesie, besonders von ihrer Metrik, abwendet: Cicero, Seneca, Minucius Felix, Apulejus, Tacitus im Dialogus und viele andere. Für die Prosa Cäsars wie für diejenige des Tacitus ist in dieser Hinsicht das γένος bestimmend. Die

Reden Cäsars gehören, wie es auch die Fragmente zeigen,
mit einigen in die commentarii eingelegten und mit dem
Dialogus und einigen Reden aus Tacitus' Geschichtswerken
zu dem der Poesie abgeneigten γένος der modernen kunst-
mäßigen Beredsamkeit. Auf der anderen Seite steht die
Historiographie der klassischen Zeit, bevor sie, was jedenfalls schon mit Asinius Pollio anfängt, ganz rhetorisiert war.
Dazu gehören auch Cäsars und Livius' historische Werke.
Auf diese Historiographie der klassischen Zeit, besonders auf
Sallustius, greift Tacitus im bewußten Gegensatz zu der zeitgenössischen zurück. Der Gegensatz der γένη läßt sich auch
in der Prosametrik deutlich nachweisen, wie es sich bei der
Behandlung der römischen metrischen Prosa in Einzelheiten
zeigen wird.

Diese Entdeckungen Lundströms sind an und für sich
schon wichtig, noch wichtiger werden sie durch etwas
anderes. Ich glaube nämlich nachweisen zu können, daß sich
diese Art des Zitierens der Poesie ohne den Urheber zu
nennen und zugleich die metrischen Reminiszenzen aus der
Poesie besonders in solcher Prosa finden, die der Versmetrik
nicht abgeneigt war. Sie finden sich also nicht oder kaum
bei solchen Schriftstellern, die, wie Platon und Cicero, jede
Versmetrik prinzipiell vermeiden, sondern bei solchen, die
sich nicht scheuen, Hexameterschlüsse und ähnliches gelegentlich mit Vorliebe anzuwenden.

Man könnte schon vermuten, daß in den Anfangsworten
des Herodot, die von Aristoteles, Rhet. III, 1409 A, folgendermaßen angeführt werden:

Ἡροδότου Θουρίου ἥδ᾽ ἱστορίης ἀπόδειξις ‿ ‿ ∪ ∪ ‿ ∪ ∪ ‿ ×

Nachahmung irgend eines Logographen vorliegt.

Ich möchte nicht ohne weiteres kategorisch behaupten,
daß bei Aristoteles, der öfter ungenau zitiert, die ursprüngliche
Lesart vorliegt. Daß es aber dem Aristoteles, der doch für
Metrik ein feines Gefühl hatte und der sich in der Rhetorik
mit Vorliebe mit dem Problem der Vermeidung der Versmetrik in der Prosa beschäftigte, entgangen sein sollte, daß
er diese Worte, die doch jedem Gebildeten geläufig waren,
in einer nicht ursprünglichen metrischen Form zitierte,

scheint a priori unwahrscheinlich. Dazu kommt erstens, daß sich die Form dieser Worte überhaupt an diejenige der Anfangsworte älterer Logographen anschließt, wie z. B. an diejenige des Hekataios:

Ἑκαταῖος Μιλήσιος ὧδε μυθεῖται (Demetr. de elocut. § 2 und § 12), zweitens, daß die Abschreiber sehr leicht dazukommen konnten, hier die anstößige Versmetrik zu beseitigen. Eine schlagende Analogie dazu geben uns die Anfangsworte des Livius, denen genau dasselbe passiert ist:

Facturusne sim operae pretium, si a primordio urbis res populi Romani perscripserim.

Man liest aber jetzt allgemein nach Quintilian, der (9, 4, 74) sagt:

T. Livius hexametri exordio coepit: facturusne operae pretium sim, nam ita edidit, estque melius quam quomodo emendatur.

Uns ist in den Handschriften aber nur die emendatio erhalten. Daß den Emendatoren der Kaiserzeit die Metrik hier anstößig war, darauf brauche ich nicht weiter einzugehen. Ich halte es für sehr wahrscheinlich, daß dem Herodot ähnliches passiert ist (vgl. die Ausgabe von Cope-Sandys der Rhetor. zu der Stelle). Die römischen Historiker der klassischen Zeit pflegten ihr Werk mit einem, wenn auch nicht ausdrücklich als ein solches eingeführten Dichterzitat, in dem sie den Inhalt ihres Werkes ankündigten, anzufangen. Diese Gewohnheit würde dann bis auf Herodot zurückgehen.

Ähnliche bedeckte Zitate finden sich nun gerade in solcher Prosa, die Versmetrik überhaupt nicht vermeidet, und sind für sie charakteristisch. Wir finden sie daher sowohl in derjenigen Prosa, die sich direkt an die Poesie anschließt, wie in Herodot und in Platons Parodien, als auch in derjenigen, die sich bewußt der kanonisierten Klauselmetrik entgegensetzt, wie bei Sallust, Livius, Tacitus.

In Herodot sind homerische Reminiszenzen und Hexameteranfänge und -schlüsse häufig genug (vgl. Norden, Antike Kunstprosa, 45). In Platons Parodien, besonders in der Agathonimitation im Symposion, begegnen uns öfter Verse oder Versteile, die nicht als solche eingeführt werden (Norden, a. a. O., 74).

Durchaus interessant ist es nun zu sehen, was aus dem vorher Gesagten direkt hervorgeht, daß sich diese Tendenz sogleich wiederholt, sobald sich die Reaktion gegen die hellenistische Metrik (eine Metrik also, die jede Versmetrik ausmerzt) in Rom geltend macht. Die Gegner der ciceronianischen Metrik, Sallust, Livius und Tacitus, haben es so gemacht und dasselbe haben wir wohl auch bei der literarischen Opposition in der Beredsamkeit, besonders bei Brutus, anzunehmen. Sallust und Livius treiben ihre Abneigung gegen die ciceronianische Metrik soweit, daß sie $---\smile$ und $-\smile\smile-\smile$ mit Vorliebe anwenden; zugleich flechten sie gerne unangekündigte Verse oder Versteile ein.

Tacitus vermeidet, wie wir unten sehen werden, die von Cicero und besonders von dessen Nachahmern geliebte Form *esse videatur*; die geläufige Metrik wendet er mit Vorliebe in rhetorischen Partien schlimmster Art an, die sich mit den platonischen Parodien sehr wohl *mutatis mutandis* vergleichen lassen; die Annalen fängt er aber sogar mit einem ganzen Hexameter des Ennius an: *Urbem Romam a principio reges habuere* und von poetischen Reminiszenzen wimmelt seine Sprache überhaupt.

Auch der negative Einfluß der Poesie auf die Prosa, die Vermeidung gewisser poetischer Kunstmittel ist für die Metrik, und zwar für sie besonders wichtig. Am deutlichsten zeigt sie sich in der Vermeidung des Hexameterschlusses, deutlich aber auch, was man bis jetzt übersehen hat, in der Vermeidung des Ditrochäus, der in der dithyrambischen Prosa beliebt war. Diese Vermeidung macht sich z. B. bei Platon und viel später (z. B. Pomponius Mela) fast bis zur völligen Ausmerzung geltend. Ich komme darauf bei den einzelnen Schriftstellern zurück, möchte hier aber noch bemerken, daß man sich mit Unrecht daran gewöhnt hat, die Form $-\smile\smile-\smile$ ohne weiteres als clausula heroica zu bezeichnen. Im allgemeinen sind für die spätere lateinische Prosa die Formen *continuerunt, non abiise* und *omnes abiise* keine Hexameterschlüsse mehr und werden daher von vielen Schriftstellern,

die die clausula heroica *esse videtur* und *omnibus essent*
durchaus vermeiden, mehrfach, wenn auch nicht mit Vorliebe
angewendet. Allerdings mag die griechische und besonders
die ältere lateinische epische Poesie, für welche die strengere
Metrik der späteren Zeit keine Geltung hatte, auch in dieser
Hinsicht nachgewirkt haben, so daß man auch *continuerunt*
und *omnes abiise* mied: notwendig ist es aber, wenn man
nicht einfach die Reihe ‿‿‿‿, sondern die clausula heroica
untersuchen will, diese beiden Gruppen prinzipiell auseinander-
zuhalten. Cicero und Laktanz z. B. meiden nicht in dem
Maße die scheinbaren wie die wirklichen Hexameterschlüsse.

Auf die Geschichte der Vermeidung der clausula heroica
kann ich hier nicht eingehen. Sie wird nur klar, wenn man
die zwei Perioden in der Geschichte des antiken Prosarhythmus, in deren ersterer die Versmetrik gesucht, in deren
letzterer dieselbe gemieden ist, auseinanderhält. Jedenfalls
geht sie, was die moderne Literatur übersieht, schon auf
Platon zurück. Die Häufigkeit der Form bei Isokrates ist eine
Folge einer unbewußten, noch nicht schablonenhaften Metrik;
bei Demosthenes dagegen ist die hohe Frequenz der Form
der notwendige Ausfluß seiner Vorliebe für Daktylen und
ähnliches.

II. Die Periode der epischen Metrik.

In dieser Periode gibt es also, allgemein gesprochen,
noch keine bewußte Periodisierung. Wo dennoch etwas
Ähnliches auftritt, bleibt die Metrik davon völlig unabhängig;
sie bleibt z. B. niemals auf das Ende des Satzes oder des
Satzteiles beschränkt. Die Poesie, von welcher diese Prosa
beeinflußt wird, ist die epische: das Metrum ist das daktylische, woran sich bald das anapästische und jambische anschließt. Es fehlt aber jede Vorliebe für die Wiederholung
von Trochäen und Kretikern. Metrisch ist in dieser Periode
nicht nur, wie in der folgenden, die subjektive hochpoetische
Rede, sondern jede Prosa, die sich an die in Hexametern
abgefaßte Poesie anschließt: Historiographie, Philosophie,
Didaktik. Es fehlt aber überhaupt in dieser Zeit jene subjektive hochpoetische Prosa, welche sich später sogleich bei

ihrer Entstehung an die subjektive Poesie anschließt: die epideiktische Prosa.

In erster Linie kommt die historische Prosa hier in Betracht, die die epische Poesie ablöst: die Logographie. Die wenigen Fragmente, die uns von Pherekydes überliefert sind, genügen uns zu überzeugen, daß in seinen Werken die epische Metrik eine bedeutende Rolle gespielt haben muß; ob einfach Reminiszenz oder auch Nachahmung vorliegt, darüber ist in jedem Einzelfalle nicht zu entscheiden und es ist auch für uns ziemlich gleichgültig.

(Fr. 60)   .πᾶσι παρεῖναι. . .ἔρχεται οὕτως. .τῷ Πελίᾳ κακόν.

(Fr. 48) δίδωσι τὴν βασιλείαν   μητέρα δ'αὐτοῦ   Εὐρυγάνειαν τὴν Περίφαντος. .Τυδεὸς ἐπι κρήνης   καὶ Πολυνείκης. Zu ihm gesellt sich selbstverständlich auch Hekataios von Milet.

(Fr. 353)   ὡς μὴ ὧν αὐτοί τε ἀπόλησθε   ἄλλον τινὰ δῆμον ἀποίχεσθε. Auch: εἰμι ἀρήγειν, usw.

Dasselbe gilt auch für Akusilaos (Diels, Vorsokratiker[3], II, 209):

Ὠκεανὸς δὲ γαμεῖ Τηθὺν ἑαυτοῦ ἀδελφήν, τῶν δὲ γίνονται. und 211: Ἠσιόνης τῆς Ὠκεανοῦ   usw.

Daß auch Herodot öfter metrisch schreibt, bemerkt schon Norden (Antike Kunstprosa, 45), der dafür anführt (VII, 10, 5): οὐ γάρ ἐᾷ φρονέειν ὁ θεὸς ἄλλον ἢ ἑωυτόν und (VII, 11): καταστρεψαμένου καλέονται.

Auch hier ist die Wahl zwischen Reminiszenz einerseits und Nachahmung oder unbewußtem Einfluß anderseits nicht immer leicht zu treffen, weil wir nun einmal nicht alle Hexameter kennen, die er gekannt hat.

Wichtiger noch für uns ist hier die philosophische Prosa. Daß Herakleitos stark unter dem Einfluß der epischen Metrik steht, bemerkt Norden (a. a. O., 44). Ich führe noch einzelnes an.

(Diels, Vorsokratiker[3]) 20 γενόμενοι ζώειν ἐθέλουσι μόρους τ'ἔχειν. μᾶλλον δ'ἀναπαύεσθαι, καὶ παῖδας καταλείπουσι μόρους γενέσθαι. 24 ἀρηιφάτους ·θεοὶ τιμῶσι καὶ ἄνθρωποι. 29 αἱρεῦνται γὰρ ἓν ἀντὶ ἁπάντων οἱ ἄριστοι, κλέος ἀέναον θνητῶν, οἱ δὲ πολλοὶ κεκόρηνται ὅκωσπερ κτήνεα. 30 κόσμον τόνδε, τὸν αὐτὸν ἁπάντων, οὔτε τις θεῶν οὔτε ἀνθρώπων ἐποίησεν, ἀλλ'ἦν ἀεὶ καὶ ἔστιν καὶ ἔσται πῦρ ἀείζωον, ἁπτόμενον μέτρα καὶ ἀποσβεννύμενον μέτρα. 31 τὸ μὲν ἥμισυ γῆ, τὸ δὲ ἥμισυ πρηστήρ. 34 μαρτυρέει παρεόντας ἀπεῖναι. 54 ἁρμονίη ἀφανὴς φανερῆς κρείττων. 61 θάλασσα ὕδωρ καθαρώτατον καὶ μιαρώτατον, ἰχθύσι μὲν πότιμον καὶ σωτήριον, ἀνθρώποις δ'ἄποτον καὶ ὀλέθριον. 62 ἀθάνατοι θνητοί, θνητοὶ ἀθάνατοι, ζῶντες τὸν ἐκείνων θάνατον, τὸν δὲ ἐκείνων βίον τεθνεῶτες. 92 Σίβυλλα δὲ μαινομένῳ στόματι ἀγέλαστα καὶ ἀκαλλώπιστα καὶ ἀμύριστα φθεγγομένη διὰ τὸν θεόν. 96 νέκυες γὰρ κοπρίων ἐκβλητότεροι. 104 ὀλίγοι δ'ἀγαθοί. 116 ἀνθρώποισι πᾶσι μέτεστι γινώσκειν 117 ἄγεται ὑπὸ παιδὸς ἀνήβου usw.

Außerordentlich interessant ist es nun aber zu sehen, daß die von Diels (Vorsokratiker[3], I, 105 ff.) gesammelten Imitationen des Heraklit in Hippokrates De vict. und Lucianus vit. auct. 14 nicht nur dieselbe Metrik haben, sondern viel stärker metrisch sind als der Durchschnitt der uns überlieferten Herakleitosfragmente: daraus ersehen wir, als was für eine wichtige Eigentümlichkeit des herakleitischen Stils diese Metrik betrachtet wurde.

τὸ δ'ἀσύμφορον πολεμεῖ καὶ μάχεται καὶ διαλλάσσει ἀπ' ἀλλήλων. .ἐσέρπει γὰρ ἐς ἄνθρωπον ψυχὴ πυρὸς καὶ ὕδατος σύγκρησιν ἔχουσα, μοῖραι δὲ σώματος ἀνθρώπου. οὐ γὰρ ἔχει προσαυξόμενον (_ ◡ ◡ _ ◡ ◡ _ ◡ ◡ ×). ἡ φύσις αὐτομάτη ταῦτα ἐπίσταται usw.

Dem Herakleitos lagen keine philosophischen Lehrgedichte in epischer Metrik vor; Gedanken und Vorstellungen wie die seinigen waren der ihm bekannten epischen Poesie fremd. Daher weicht er in Sprache und Metrik schon einigermaßen vom Epos ab.

Im Westen war es anders. Dort war, als die philosophische Prosa sich Raum machte, für die führenden Philosophen der Hexameter die geläufige Form der Darstellung gewesen: Xenophanes, Parmenides und Empedokles haben ihre Lehrgedichte in dieser Form geschrieben und wohl auch vorgetragen. Der Einfluß ihrer Metrik ist in den Fragmenten der Prosa des Zeno, Melissos, Polykleitos, Anaxagoras, Diogenes von Apollonia deutlich erkennbar; besonders

interessant ist wieder die Imitation des Diogenes in Hippokrates, *De flatibus*, 3 (VI, 94, L), Diels[3], I, 431; auch hier wieder
ist die Imitation in höherem Maße metrisch als das Original.
Zenon. (Diels, Vorsokratiker[3], I, 173 ff.) εἰ μὴ ἔχοι μέγεθος
τὸ ὄν, οὐδ᾽ἂν εἴη (‿‿‿‿‿‿‿‿‿‿), εἰ δ᾽ἔστιν, ἀνάγκη ἕκαστον
μέγεθός τι ἔχειν (‿‿‿‿‿‿‿‿‿‿‿) usw. 3   δὲ
τοσαῦτ᾽ἐστίν ὅσ᾽ἐστίν, πεπερασμέν᾽ἂν εἴη (‿‿‿‿‿‿‿‿‿‿‿)
εἰ πολλά ἐστιν, ἄπειρα τὰ ὄντα ἐστίν usw. (‿‿‿‿‿‿‿‿‿).
Melissos. (Diels[3], I, 185 ff.) ἀεὶ ἦν ὅτι ἦν (‿‿‿‿‿).
2 ἀρχὴν οὐκ ἔχει οὐδὲ τελευτήν (‿‿‿‿‿‿).   ὅτε δὲ μήτε
ἤρξατο μήτε ἐτελεύτησεν ἀεί τε ἦν καὶ ἀεὶ ἔσται, οὐκ ἔχει ἀρχὴν
οὐδὲ τελευτήν. οὐ γὰρ ἀεὶ εἶναι ἀνυστόν,   μὴ πᾶν ἔστι. 7
γὰρ κόσμος ὁ πρόσθεν ἐὼν οὐκ ἀπόλλυται. ὅτε δὲ μήτε προσ-
γίνεται μηδὲν μήτε ἀπόλλυται μήτε ἑτεροιοῦται, πῶς ἂν μετακοσμηθὲν
τῶν ἐόντων εἴη;   εἰ μὲν γὰρ κενεὸν ἦν, ὑπεχώρει ἂν εἰς τὸ κενόν·
usw. 8   ὥστε συμβαίνει μήτε ὁρᾶν μήτε τὰ ὄντα γινώσκειν
φαμένοις γὰρ εἶναι πολλὰ καὶ ἀίδια καὶ εἴδη τε καὶ ἰσχὺν ἔχοντα
πάντα ἑτεροιοῦσθαι ἡμῖν δοκεῖ καὶ μεταπίπτειν ἐκ τοῦ ἑκάστοτε ὁρω-
μένου, usw.

Polykleitos. (Diels[3], I, 295—296.) τὸ εὖ παρὰ μικρὸν διὰ
πολλῶν ἀριθμῶν γίνεται (‿‿‿‿‿‿‿‿‿‿).

Anaxagoras. (Diels[3], I, 404 ff.) 12 τὰ μὲν ἄλλα παντὸς
μοῖραν μετέχει, νοῦς δέ ἔστιν ἄπειρον καὶ αὐτοκρατὲς καὶ μέμεικται
οὐδενὶ χρήματι   ἀλλὰ τεως ἐμέμεικτο ἄλλωι usw. 16 ἀπὸ
τουτέων ἀποκρινομένων συμπήγνυται γῆ· ἐκ μὲν γὰρ τῶν νεφελῶν
ὕδωρ ἀποκρίνεται usw.

Diogenes von Apollonia. (Diels[3], I, 423 ff.) 2 ἐμοὶ δὲ
δοκεῖ τὸ μὲν ξύμπαν εἰπεῖν πάντα τὰ ὄντα ἀπὸ τοῦ αὐτοῦ ἑτεροιοῦσθαι
καὶ τὸ αὐτὸ εἶναι. 5   αὐτὸ γάρ μοι τοῦτο θεὸς δοκεῖ εἶναι καὶ
ἐπὶ πᾶν ἀφῖχθαι καὶ πάντα διατιθέναι καὶ ἐν παντὶ ἐνεῖναι   μετέχει δ᾽οὐδ᾽ἐν ὁμοίως usw. 6 ἔστι δ᾽ἑτέρα φλέψ ἐν τῷ τραχήλῳ
παρὰ τὴν μεγάλην ἑκατέρωθεν, ἐλάττων ἐκείνης ὀλίγον, εἰς ἣν αἱ
πλεῖσται ἐκ τῆς κεφαλῆς συνέχουσιν αὐτῆς usw.

Imitation des Diogenes. (Hippokr. *De flatib.*, 3; Diels[3],
I, 431.) z. B.   ἀλλὰ μὴν ἐστί γε τῆι μὲν ὄψει ἀφανής, τῶι δὲ
λογισμῶι φανερός. τί γὰρ ἄνευ τούτου γένοιτ᾽ἄν; ἢ τίνος οὗτος
ἄπεστιν ἢ τίνι οὐ ξυμπάρεστιν; ἅπαν γὰρ τὸ μεταξὺ γῆς τε καὶ οὐρανοῦ
πνεύματος ἔμπλεόν ἐστιν, usw.

Wieder in einem anderen Kulturkreis treten wir ein, wenn wir die Prosa des Demokritos betrachten. Hier liegt die Prosa als Kunstform schon viel weiter ausgebildet vor, obgleich er dem einfachen ionischen Stile viel näher steht als den attischen Perioden. Daß seine Prosa metrisch ist, kann man sogar aus den Fragmenten statistisch nachweisen. Eine Vermeidung längerer Reihen von langen Silben (am Ende des Satzes hier $8 \cdot 2 \%$, normal etwa $16 \cdot 3 \%$), die für jede metrische Prosa charakteristisch ist, ist besonders deutlich. Wiewohl in seinen Fragmenten Daktylen offenbar sehr gesucht sind, hängt seine Metrik nicht direkt von der epischen Poesie ab: das beweist schon die geringe Zahl der Hexameterschlüsse; dagegen treten ‿‿‿× und ‿‿‿‿× stark in den Vordergrund. Vielmehr müssen wir darin eine selbständige Weiterbildung älterer metrischer Prosa, besonders des Herakleitos, erblicken (vgl. darüber auch Norden, a. a. O., 22). Ich führe zur Illustration an:

(Diels³, II, 100 ff.) 191   ἐπὶ τοῖς δυνατοῖς οὖν δεῖ ἔχειν τὴν γνώμην καὶ τοῖς παρεοῦσιν ἀρκέεσθαι τῶν μὲν ζηλουμένων καὶ θαυμαζομένων ὀλίγην μνήμην ἔχοντα καὶ τῆι διανοίαι μὴ προσεδρεύοντα   εὐθυμότερόν τε διάξεις usw. 200 ἀνοήμονες βιοῦσιν οὐ τερπόμενοι βιοτῆι. 196 λήθη τῶν ἰδίων κακῶν θρασύτητα γεννᾶι. 206 ἀνοήμονες θάνατον δεδοικότες γηράσκειν ἐθέλουσιν. 211 σωφροσύνη τὰ τερπνὰ ἀέξει καὶ ἡδονὴν ἐπιμείζονα ποιεῖ. 228   χαλεπὸν δὲ τυχεῖν ἑνός usw. 237 φιλονικίη πᾶσ᾽ ἀνόητος· τὸ γὰρ κατὰ τοῦ δυσμενέος βλαβερὸν θεωρεῦσα τὸ ἴδιον συμφέρον οὐ βλέπει. 98 (S. 80) ἑνὸς φιλίη ξυνετοῦ κρέσσων ἀξυνέτων πάντων. 106 ἐν εὐτυχίηι φίλον εὑρεῖν εὔπορον, ἐν δὲ δυστυχίηι πάντων ἀπορώτατον.

Zu diesen Schriftstellern gesellt sich nun noch das Fragment des Leukippos (Diels³, II, 10, 2): οὐδὲν χρῆμα μάτην γίνεται, ἀλλὰ πάντα ἐκ λόγου τε καὶ ὑπ᾽ ἀνάγκης. ‿‿ ‿‿‿ ‿‿‿‿, ‿‿‿ ‿‿ ‿‿‿ ‿‿

Ob er wirklich, wie Diels und andere annehmen, eine Existenz geführt hat, darüber habe ich kein Urteil; für uns ist es hier gleichgültig.

Aber auch die »proteusartige« Sophistik hat diese Kunstform nicht verschmäht. So tritt sie in der Erzählung des Herakles auf dem Scheidewege von Prodikos bei Xenophon deutlich hervor (Diels³, II, 273): πιστὴ δὲ φύλαξ οἴκων δεσπόταις,

εὐμενὴς δὲ παραστάτις οἰκέταις, ἀγαθὴ δὲ συλλήπτρια τῶν ἐν εἰρήνηι
πόνων, βεβαία δὲ τῶν ἐν πολέμωι σύμμαχος ἔργων, usw. 33 ἔστι
δὲ τοῖς μὲν ἐμοῖς φίλοις ἡδεῖα μὲν καὶ ἀπράγμων σίτων καὶ ποτῶν
ἀπόλαυσις· ἀνέχονται γὰρ ἕως ἂν ἐπιθυμήσωσιν αὐτῶν, usw.

Damit ist denn aber auch diese Periode zu Ende. Was
später an daktylischen Metra in der Prosa auftritt, ist entweder,
wie im Phaidros, bei Lysias usw. Nachahmung des Dithyrambos; oder es ist eine selbständige Kunstform, bei der die
daktylochoriambische Metrik abwechselt mit sehr gern ange-
wendeten Kretikern. Das ist bei Demosthenes der Fall, wo die
Metrik völlig der Periodisierung untergeordnet ist; oder es
ist, wie im Erotikos des Pseudo-Demosthenes, eine wunderliche
Nachahmung der ernsthaft aufgefaßten platonischen Parodien:
Der epische Hexameter war zu einer klassischen, also toten
Kunstform geworden und noch nicht wieder zu neuem Leben
erwacht; außerdem hatte die Prosa von der Poesie bald so viel
gelernt, daß ihre Wege auseinandergehen konnten.

III. Die zweite Entwicklungsstufe.

Die zweite Entwicklungsstufe der Prosametrik, in der
also die dithyrambische Metrik ohne weiteres auf die Prosa
übertragen wurde, beschränkt sich, wie aus ihrem Ur-
sprunge deutlich ist, auf einen Teil der Prosaliteratur,
nämlich auf die erhabene oder quasi-erhabene, also die epideiktische: τὰ μὲν γὰρ τῶν διθυράμβων ὅμοια τοῖς ἐπιδεικτικοῖς
(vgl. unten).

Nicht eine bestimmte abgeschlossene chronologische
Periode nimmt sie für sich in Anspruch; nicht an bestimmte
Personen, die sie ausgebildet hätten und keine andere Prosa
oder Prosametrik kannten, knüpft sie an; innerhalb einer
gewissen Periode, derjenigen der Sophisten, hat sie ein gewisses εἶδος, das epideiktische, ergriffen, und taucht auch
später, wo diese epideiktische Prosa nachgeahmt wurde, bisweilen wieder auf. Ihrem Ursprung und ihrem Wesen gemäß
war sie meistens eine ephemere Prunk- und Agonenkunst;
das ist wohl der Grund, weshalb so wenig davon und das
wichtigste sogar durch einen der entschiedensten Gegner auf
uns gekommen ist.

Als Athen in den Kulturkreis trat, war es mit der epischen Metrik in der Prosa zu Ende. Die epische Poesie hatte ihre direkte Bedeutung für die griechische Kultur verloren. Literaturgattungen, die sich unmittelbar an sie anschlossen, gab es nicht mehr. Die Historiographie hatte sich nicht nur völlig vom Epos losgesagt, sondern entwickelte sich in Thukydides in bewußtem Gegensatz zu den Logographen. Die praktische Beredsamkeit fand im Epos keine den modernen Anforderungen entsprechenden Vorbilder. Physikoi gab es nicht mehr: der Philosophie hatte sich die sophistische Beredsamkeit bemächtigt.

Zugleich war der Prosametrik aber eine neue Entwicklungsmöglichkeit geöffnet. Die Poesie spielte noch immer im Leben des Volkes eine bedeutsame Rolle, aber nicht mehr in dem Maße wie früher war es das Epos: dem Individualismus der Zeit entsprechend trat die subjektive Poesie, besonders der Dithyrambos in den Vordergrund. An jedem der großen Feste, die doch Kulturbrennpunkte waren, gab es musische Agonen, wo die Lyriker um den Sieg rangen.

Die Sophisten, die Vertreter der individualistischen Tendenzen κατ'ἐξοχήν, haben sich in der epideiktischen Prosa dem Dithyrambos angeschlossen. Daß sie mit der Poesie wetteifern wollten, ist nur der Ausdruck dafür, daß sie sich gerade der subjektiven Poesie verwandt fühlten, und wenn sie mit Erfolg wetteifern wollten, mußten sie bei ihr in die Schule gehen. Daher entstanden manche Berührungspunkte und manch tiefeingreifender Einfluß. Der epideiktische logos epitaphios schließt sich an den threnos an. Ähnliches gilt für das enkomion und die panegyris. Das Auftreten der Sophisten wird bald als ἀγωνίζεσθαι bezeichnet und beim agon der Artemisia ist die epideiktische Rede als der Poesie ebenbürtig anerkannt. Das Kostüm, in dem Gorgias und Hippias auftraten, erinnert an das Wettstreitgewand der Dichter. Die älteste Nomenklatur der Rhetorik schließt sich an die Terminologie der Nomen und Dithyramben an: τὰ μέν γάρ τῶν διθυράμβων ὅμοια τοῖς ἐπιδεικτικοῖς· (Aristoteles Rhet. III, 1415 a). Die hochpoetische Sprache der epideiktischen Beredsamkeit fußt in dem Dithyrambos und mit ihr ist die dithyrambische Metrik aufs engste verknüpft.

Diese dithyrambische Sprache und Metrik finden wir nun am deutlichsten in dem Phaidros Platons, wo das Problem, inwieweit ihre Anwendung erlaubt sei, den unausgesprochenen Gegenstand der Untersuchung bildet. Ich erinnere hier an Phaidros, 238 D: τὰ νῦν γὰρ οὐκέτι πόρρω διθυράμβων φθέγγομαι. Daß Platon hier besonders auf Lysias anspielt, ist ohne weiteres klar. Auch Dionysios Halicarnassensis hat es so aufgefaßt, denn wir hören deutlich den Anklang an die Worte des Sokrates, wenn er (Lysias 4) anerkennen muß, daß Lysias nicht nur Gerichtsreden, sondern auch epideiktische Spielereien gemacht hat: οὐ πόρρω διθυράμβων ἔνια φθεγγόμενος, worin sogar die poetische Metrik noch erkennbar ist: _ _ _ _ ᴗ _ _ ᴗ ᴗ _ _ ᴗ ᴗ _.

Die dithyrambische Prosametrik ist von der epischen wesentlich verschieden. Die letztere, die nur über Daktylen verfügt (später scheinen sich daran Choriamben anzuschließen), hat den feierlichen und würdevollen Klang der objektiven epischen Poesie. Die dithyrambischen Metra, in die sich ja auch leicht ohne weiteres Jamben, Trochäen und Kretiker einreihen lassen, bleibt immer etwas subjektiver gefärbt. Die epische Metrik mag besonders damals erhabener, ruhiger und archaischer geklungen haben. Die Zeitgenossen haben selbstverständlich den Unterschied scharf gefühlt, wie Sokrates im Phaidros sagt (241 E): οὐκ ἤσθου, ὦ μακάριε, ἤδη ἔπη φθέγγομαι ἀλλ' οὐκέτι διθυράμβους, καὶ ταῦτα ψέγων; nachdem er zuvor seine Rede beendigt hat mit den Worten: ὡς λύκοι ἄρνας ἀγαπῶσιν, ὡς παῖδα φιλοῦσιν ἐρασταί.

Treten wir jetzt an die Betrachtung der Vertreter der dithyrambischen Metrik heran. Ihrem Ursprung und Wesen gemäß ist diese im Gegensatz zu der Prosametrik der vorhergehenden und derjenigen der folgenden Periode auf die epideiktische Prosa beschränkt.

Aus dem oben Gesagten geht hervor, daß die Entstehung dieser Art Prosametrik eine geschichtliche Notwendigkeit war. Als sich die attische Prosa entwickelte, fing man ungefähr zugleich damit an, sie auf eine andere Weise in Rhythmus zu bringen, ohne dabei notwendigerweise von der Metrik Gebrauch zu machen. Man lernte sie nämlich allmählich in gleiche oder ähnliche Kola zu teilen und zu periodisieren. Die Kombination der zwei rhythmischen Kunstmittel, 1. der Periodisierung und 2. der Metrik erfolgte anfangs naturgemäß derart, daß es noch überhaupt keinen Zusammenhang zwischen diesen beiden gab, sondern daß sie unabhängig von einander, man möchte sagen durcheinander, gebraucht wurden.

Die Entwicklung dieser Metrik ist an den hochpoetischen Prosastil der epideiktischen Rede gebunden. Lehrreich ist es zu sehen, daß Platon diese Metrik dort anwendet, wo er entweder (ausnahmsweise) selbst hochpoetisch schreiben, oder die hochpoetische Prosa der epideiktischen Kunst parodieren und zugleich die Vertreter dieser Kunst charakterisieren will. Fangen wir mit dem letzteren Fall an.

Zu den ältesten Künstlern dieser Art gehören Gorgias und Thrasymachos. Daß Gorgias gelegentlich eine dithyrambische Metrik angewandt hat, geht schon daraus hervor, daß Platon sich dort, wo er ihn im Phaidros charakterisiert, besonders Mühe gibt, nicht nur alle »gorgianischen« Figuren in einen einzigen Satz zusammenzudrängen, sondern auch diesen selben Satz ganz dithyrambo-metrisch umzugestalten; So schreibt er (267 A):

Τεισίαν δὲ Γοργίαν τε ἐάσομεν εὕδειν, οἳ πρὸ τῶν ἀληθῶν τὰ εἰκότα εἶδον ὡς τιμητέα μᾶλλον, τά τε αὖ σμικρὰ μεγάλα καὶ τὰ μεγάλα σμικρὰ φαίνεσθαι ποιοῦσιν διὰ ῥώμην λόγου, καινά τε ἀρχαίως τά τ'ἐναντία καινῶς, συντομίαν τε λόγων καὶ ἄπειρα μήκη περὶ πάντων ἀνηῦρον;

$$- \cup \; - \cup \; - \cup \; - \cup \; - \cup \cup \; - \cup$$

$$- \cup \; - \cup - \; - \cup \; - \cup \cup - \cup$$

$$- - \; - \cup \cup - \cup \quad \text{usw.}$$

Welch hoher Wert hier auf die wiederholten Hexameterschlüsse gelegt wird, geht daraus hervor, daß, wo man καινά τε ἀρχαίως τά τ'ἀρχαῖα καινῶς erwartet, der Metrik zuliebe καινά τε ἀρχαίως τά τ'ἐναντία καινῶς geschrieben wird.

Diese selbe Eigentümlichkeit nun zeigen auch die unter dem Namen des Gorgias überlieferten Fragmente. Schon der von Aristoteles (Rhet. III, 14, 12, p. 1416 a) erhaltene Anfang ᴄines enkomion auf die Eleer, zeigt eine zweifellos beabsichtigte Metrik: _ _ ◡ ◡ _ _ _. Ἥλις πόλις εὐδαίμων.

Daß seine Metrik noch oft an die epische Poesie erinnert, dafür ist es interessant zu wissen, daß er, wie Diels gezeigt hat, unter dem Einfluß des Empedokles und, wie Norden wahrscheinlich macht, auch unter demjenigen des Herakleitos gestanden hat. Aus dem vielseitigen Charakter seiner Persönlichkeit und seines Auftretens ist das sehr wohl zu verstehen. Betrachten wir aber jetzt die erhaltenen Reden.

Fangen wir an mit Helena (11):

μὲν γὰρ πάντες περὶ πάντων (_ _ _ _ _ ◡ ◡ _ _) εἶχον τῶν [τε]
παροιχομένων μνήμην (_ _ _ ◡ ◡ _ ◡ ◡ _ _ _) τῶν τε παρόντων [ἔννοιαν]
(_ ◡ ◡ _ _ [_ _ _]) τῶν τε μελλόντων πρόνοιαν, οὐκ ἂν ὁμοίως (_ ◡ ◡ _ _)
ὅμοιος ἦν ὁ λόγος (◡ _ ◡ _ ◡ ◡ _), οἷς τὰ νῦν γε οὔτε μνησθῆναι τὸ
παροιχόμενον (_ _ _ ◡ ◡ _ ◡ ◡ _) οὔτε σκέψασθαι τὸ παρὸν (_ _ _ _ _ ◡ ◡ _)
τῇ ψυχῇ παρέχονται, usw.

Eine von mir unternommene Untersuchung der Paragraphen 8 bis 11 zeigt eine hohe Frequenz der Form _ ◡ ◡ _, gegen ein Zurücktreten der Formen ◡ ◡ ◡ ◡, ◡ ◡ ◡ ◡ ◡, ◡ ◡ ◡ ◡ ◡ ◡ usw. Die Formen _ ◡ _ und _ ◡ ◡ ◡ _ haben ungefähr ihre normale Häufigkeit. Ich zweifle nicht daran, daß dieses Ergebnis sich für die ganze Rede bestätigen wird.

Nicht weniger deutlich sind metrische Tendenzen, die allerdings nicht ganz dieselben sind, im Fragmente des Epitaphios erkennbar; jedenfalls treten aber auch hier die längeren Reihen kurzer Silben stark zurück. Der Epitaphios im Menexenos, der im gorgianischen Stile geschrieben sein soll, bleibt noch zu untersuchen (vgl. Norden, I, 109).

Aus der Metrik des wenigen, was uns von Gorgias erhalten ist, bekommen wir einen starken Eindruck der Vielseitigkeit dieses Bahnbrechers.

Wie die Helena die Form _ ◡ ◡ _, also die daktylo·anapästische Metrik, sucht, und wie der Epitaphios dieselbe Form vermeidet, so ist nicht nur der Stil des Palamedes im allgemeinen ein ganz anderer als derjenige der Helena, sondern auch die Schlüsse sind ganz verschieden metrisch gebildet. Metrisch sind beide Reden: das zeigt vor allem das starke Zurücktreten der Form _ _ _ _, das ihnen gemeinsam ist: eine

Eigentümlichkeit der ganzen antiken metrischen Kunstprosa, denn wo Anhäufung von langen Silben vorliegt, hört jede Metrik auf. Auch die Vorliebe für $\smile\smile\smile\times$ haben sie beide; auffällig ist nun aber, daß die Helena die Form $\_\smile\_\times$ vermeidet, der Palamedes sie dagegen sucht, und daß die starke Vorliebe für $\_\smile\_\_\_\times$ in der Helena wieder im Palamedes fehlt. Die Sache muß einmal genauer untersucht werden, weil der Palamedes nicht der epideiktischen Beredsamkeit anzugehören scheint.

Daß für **Thrasymachos** betreffs der Erwähnung im Phaidros ungefähr dasselbe gilt, hat schon Norden gesehen. Man kann sagen, daß schon diese Erwähnung an und für sich e-sicher macht, daß er in gehobener Prosa geschrieben hat; denn eben gegen die inhaltsleere gehobene metrische Prosa der Sophisten ist der Dialog gerichtet. Die Parodierung der Metrik liegt aber auf der Hand (267 C):

τῶν μὴν οἰκτρογόων ἐπὶ γῆρας καὶ πενίαν ἑλκομένων λόγων κεκρατηκέναι τέχνῃ μοι φαίνεται τὸ τοῦ Χαλκηδονίου σθένος, ὀργίσαι αὖ πολλοὺς ἅμα δεινὸς ἀνὴρ γέγονεν usw.

$\_\smile\_$ $\_\smile\smile\_$ $\smile\smile\_\_\_\smile\smile\_$ usw.

Die Abneigung Platons geht offenbar gegen die Anwendung der hochpoetischen Metrik in der inhaltsleeren epideiktischen Prosa;* auf die von Norden besonders hervorgehobene Periodisierung kommt es in dieser Parodie, wie ich glaube, weniger an.

Daß das Fragment des Thrasymachos aus einer Gerichtsrede (Dion. Halicarn. De vi Dem. 3) Rhythmus aufweist, wenn auch auf eine andere Weise, war Norden entgangen, weil er immer hauptsächlich auf die Periodisierung achtet; besonders die Vorliebe für den Ditrochäus ist bemerkenswert: eine Vorliebe für dithyrambische Metra läßt sich hier aber nicht nachweisen.

Es mag auch wohl kein Zufall sein, daß die uns von Hermias ad Phaedrum, 267 C, Couvreur, p. 239, Diels³, II, 281, angeführten Behauptungen des Thrasymachos metrisch sind

ὁ γὰρ Χαλκηδόνιος, τουτέστιν ὁ Θρασύμαχος, ταῦτα ἐδίδαξεν, ὡς εἰς οἶκτον ἐγεῖραι τὸν δικαστὴν καὶ ἐπισπάσθαι ἔλεον, γῆρας, πενίαν, τέκνα ἀποδυρόμενον usw.

Am deutlichsten zeigt aber die dithyrambische Metrik die crotische Lysiasrede in Phaidros, z. B. 234 B:

.ὅτι τοὺς μὲν ἐρῶντας οἱ φίλοι νουθετοῦσιν ὡς ὄντος κακοῦ τοῦ ἐπιτηδεύματος, δὲ μὴ ἐρῶσιν οὐδεὶς πώποτε τῶν οἰκείων ἐμεμψάατο ὡς διὰ τοῦτο κακῶς (‒◡◡‒◡◡‒◡◡‒) βουλευομένοις περὶ αὐτῶν (‒‒◡◡‒◡◡‒‒).

233 CD δ'ἄρα σοι τοῦτο παρέστηκεν, ὡς οὐχ οἷόν τε ἰσχυρὰν φιλίαν γενέσθαι ἐὰν μή τις ἐρῶν τυγχάνῃ, ἐνθυμεῖσθαι χρὴ ὅτι οὔτ'ἂν τοὺς ὑεῖς περὶ πολλοῦ ἐποιούμεθα οὔτ'ἂν τοὺς πατέρας καὶ τὰς μητέρας, οὔτ'ἂν πιστοὺς φίλους ἐκεκτήμεθα, οἳ οὐκ ἐξ ἐπιθυμίας τοιαύτης γεγόνασιν, ἀλλ' ἐξ ἑτέρων ἐπιτηδευμάτων.

Die große Vorliebe für die Form ‒◡◡‒, die Abneigung gegen Anhäufung von kurzen (und auch von langen Silben) ind hier offenbar. In noch viel stärkerem Maße treten diese Tendenzen in der folgenden Parodie des Sokrates hervor. Diese Tatsache beweist zur Genüge, daß in der Tat auch die Metrik parodiert wird. Die Frage, ob die erste von Phaidros vorgetragene Rede dem Lysias selbst zuzuschreiben ist oder lediglich als eine Nachahmung Platons betrachtet werden muß, ist für unseren Zweck gleichgültig. Davon bleibt das Ergebnis, daß auch Lysias solche dithyrambische Prosa geschrieben hat, unabhängig. Dieses Ergebnis wird durch den Epitaphios bestätigt; man lese nur folgende Stellen:

(76) τίνας γὰρ ἂν εἰκότως μᾶλλον τιμῶμεν τῶν ἐνθάδε κειμένων; τίνας δ'ἂν τῶν ζώντων δικαιότερον περὶ πολλοῦ ποιοίμεθα ἢ τοὺς προσήκοντας, τῆς μὲν τούτων ἀρετῆς τὸ ἴσον τοῖς ἄλλοις ἀπέλαυσαν, ἀποθανόντων δὲ μόνοι γνησίως τῆς δυστυχίας μετέχουσιν.

(80) πενθοῦνται μὲν διὰ τὴν φύσιν ὡς θνητοί, ὑμνοῦνται δὲ ὡς ἀθάνατοι διὰ τὴν ἀρετήν (‒‒‒‒‒◡◡‒◡◡‒‒, ‒‒‒‒‒◡◡‒◡◡ ‒◡◡‒). καὶ γὰρ θάπτονται δημοσίᾳ, καὶ ἀγῶνες τίθενται ἐπ'αὐτοῖς ῥώμης καὶ σοφίας καὶ πλούτου, ὡς ἀξίους ὄντας τοὺς ἐν τῷ πολέμῳ τετελευτηκότας ταῖς αὐταῖς τιμαῖς καὶ τοὺς ἀθανάτους τιμᾶσθαι.

Statistisch läßt sich die Vorliebe für ‒◡◡‒ leicht nachweisen; es ergibt sich in den Schlußkapiteln (77 bis Schluß) eine verhältnismäßig große Häufigkeit dieser Form ‒◡◡‒; dagegen treten alle anderen Formen, also ‒◡◡◡‒, ‒◡◡◡◡‒, ‒◡◡◡◡◡ usw., besonders aber merkwürdigerweise die Form ‒◡‒, zurück.

Ich mache darauf aufmerksam, daß Theophrastos den
Lysias für zu poetisch hielt, was er selbstverständlich nicht
aus seinen uns erhaltenen oder ähnlichen Gerichtsreden heraus-
gelesen hat. (Dion. Halic. Lys., 483). Dionysios leugnet hier
die Echtheit der von Theophrast gemeinten Rede, wie er auch
im Anfange seiner Schrift die epideiktische Beredsamkeit des
Lysias möglichst rasch übergeht, weil er nur die Schreibart
der Gerichtsreden loben will.

Zu derselben Gattung der metrischen quasi-poetischen
Spielereien gehört auch die viel spätere pseudo-demosthenische
Nachahmung des Phaidros, der Erotikos (Wendland, Anaximenes von Lampsakos, 71 ff.). Um die Art der Nachahmung
richtig zu verstehen, muß man im Auge behalten, was besonders
von Norden (Antike Kunstprosa, 101—109) dargelegt worden
ist, daß der proteros logos des Sokrates eine Parodie ist, und
daß, was ich hier hinzufüge, auch der von Sokrates gebrauchte Gesprächston, besonders im Anfang, bis zur dithyrambischen Metrik in den trivialsten Sachen, ironisch ist. Wenn
nun aber Norden sagt, daß die Verkennung der Ironie der
Sokratesrede durch die antike Kritik zu dem vielen Unbe-
greiflichen gehört, an dem sie so reich sei, so ist diese Bemerkung nur vom Standpunkt Nordens zu verstehen, der der
antiken Kritik im allgemeinen auch für unsere ästhetische und
historische Betrachtung großen Wert beilegt. Wie sich das
rächt und was ich damit meine, wird sich unten mehrfach,
besonders bei der Beurteilung des Asinius Pollio, zeigen. Die
antiken Kritiker, besser gesagt die antiken Schriftsteller, von
denen Stilurteile und ähnliches auf uns gekommen sind,
waren doch selbst, jeder auf seine Art, Künstler. Als solche
hatten sie also ein Vorurteil und waren mehr oder weniger
kritikunfähig. Gewöhnlich gehörten sie selbst einer bestimmten
Stilrichtung an, von der aus sie alles andere betrachteten, oder
sie waren Geister nicht zweiten, sondern dritten Ranges.

Der Tadel der antiken Kritik gegen Platon betraf, wie
Norden sagt, den übermäßigen Gebrauch »gorgianischer« Figuren und dithyrambischer Redeweise. So wirft z. B. Lon-
ginus rhet. epit. I, 324, 16 Sp. (Norden, 108) ihm vor:
ποιητικώτερον ὄγκον τῆς πεζῆς διαλέκτου.

Ein glänzendes Gegenstück zu diesem Tadel bildet nun die Nachahmung des Pseudo-Demosthenes. Sowohl die Tadler als auch die Nachahmer haben in den parodierenden Anfangsworten des Sokrates den wirklichen Platon gesehen; beiden war er dort nichts mehr oder weniger als ein epideiktischer Redner aus der Zeit der Sophistik. Während die einen, die späteren Kritiker, ihn deshalb tadelten, hat der andere, der Schüler der Sophisten, ihn würdig gefunden, nachgeahmt zu werden. Wunderliche Ironie der Zeit! Deutlicher konnte diese Verständnislosigkeit wohl nicht zum Ausdruck kommen. Daß dem Verfasser des Erotikos in seiner Bewunderung die Metrik zum Wesen der Sache gehörte, geht daraus hervor, daß er nicht nur metrische Sätze nachahmt, sondern diese, womöglich noch schöner, metrisch umgestaltet und sogar fast ganze Verse hineinlegt, wie z. B. (2, 1401):

πάντα δὲ ταῦτα γέγραπται τὸν τρόπον ὅν τις ἂν εἰς βιβλίον καταθεῖτο.

Als Beispiel der Art, wie er den Phaidros nachahmt, und als Beweis dafür, daß er dabei die Metrik nicht ganz vernachlässigt, mache ich aufmerksam auf (vgl. Wendland, Anaximenes 72, Anm. 2):

Phaidros:	Erotikos:
εἰδέναι δεῖ περὶ οὗ ἂν ἦ ἡ βουλή, usw. (237 C)	δὲ τὴν προαίρεσιν αὐτοῦ πρῶτον εἰδέναι (1) (‿‿‿‿‿‿‿‿‿‿‿‿‿‿)
ἀλλὰ ποῦ δὴ βούλει καθιζόμενοι ἀναγνῶμεν; (228 D) .‿‿‿‿‿‿‿×)	Ἀλλ' ἐπειδήπερ ἀκούειν βούλει τοῦ λόγου, δείξω σοι καὶ ἀναγνώσομαι (Anfang) (‿‿‿‿‿‿‿‿ ‿‿‿×, ‿‿‿‿‿‿‿×)

Sehr häufig ist im Erotikos die Zahl der Hexameterschlüsse (und ähnliches); vgl. gleich im Anfang: χαριέστατον εἶναι, τῶν ἡλικιωτῶν, ἐστι γεγραμμένα (‿‿‿‿‿×), . ‿ πεφύλακται, βιβλίον καταθεῖτο usw.

Diese episch-dithyrambische Prosametrik war also in der epideiktischen Prosa allgemein. Auch andere von Platon erwähnte Sophisten, wie Polos und Likymnios werden ähnliches gemacht haben. Ich mache hier aufmerksam auf

42

eine metrische Stelle im Gorgias (465 D), wo Polos an-
geredet wird:

τὸ τοῦ Ἀναξαγόρου ἂν πόλυ ἦν, ὦ φῦε Πῶλε.

◡_ ◡_◡◡_ _◡◡_ _◡◡_

Dionysios Halicarnassensis Lys. iud., p. 457—458, sagt
mit Anlehnung an Platon:

βουλόμενοι κόσμον τινὰ προσεῖναι τοῖς λόγοις   κατέφευγον
εἰς τὴν ποιητικὴν φράσιν,   .δηλοῖ δὲ τοῦτο Γοργίας   ὁ Λεοντῖνος
"οὐ πόρρω διθυράμβων τινῶν· ἔνια φθεγγόμενος (_ _ _ _ ◡ _ _ ◡ _
◡◡_ _◡◡≍), καὶ τῶν ἐκείνου συνουσιαστῶν οἱ περὶ Λικύμνιόν τε καὶ
Πῶλον*).

Das wird auch für die Metrik gegolten haben, besonders
weil ja Likymnios auch Dithyrambendichter war. In dieser
Übergangszeit, wo sich die Prosa ästhetisch noch nicht
prinzipiell von der Poesie losgelöst hatte, werden solche Personen wie Euenos und Likymnios, die zugleich Sophisten
waren und Verse machten (Norden, a. a. O., 73), dazu auch
Agathon, eine wichtige Rolle in der Entwicklung gespielt
haben. Euenos wird, wie wir gesehen haben, im Phaidros
mit besonders metrischen Worten angeführt (oben S. 14).

Des Likymnios Dithyramben waren wohl, wie Immisch.
Rhein. Museum, 48, 1893, 522, sagt, rhetorische Leistungen
in den Formen des Dithyrambos. Auf Namen kommt es
übrigens, wo die Prosa selbst fehlt, weniger an.

Spuren dieser dithyrambischen Metrik zeigen schließlich
auch die von Stephanos »Dialexeis« genannten Dissoi logoi
(Diels, Vorsokratiker³, II, 334 ff.). Ich führe hier den Anfang
des sechsten Doppellogos an.

λέγεται δέ τις λόγος οὔτ' ἀλαθής οὔτε ἱκανός· ὅτι ἄρα σοφία
καὶ ἀρετὰ οὔτε διδακτὸν εἴη οὔτε μαθητόν.   δὲ ταῦτα λέγοντες
ταῖσδ'ἀποδείξεσι χρῶνται usw.

Das Merkwürdige an dieser Art Prosametrik war, daß sie
die notwendige Entwicklungsstufe zwischen der ionischen,
epischen Prosametrik und der späteren Klauselmetrik bildet.
In dieser letzteren war die Metrik völlig der Periodisierung

---

*) ...λυσί   οὐδὲν ἤσκησεν
πανηγυρικοῖς (!).

untergeordnet. Auch hat sich hier die Prosametrik fast auf
die ganze Prosa ausgebreitet, da sie nur der epideiktischen
erhabenen Beredsamkeit angehörte. Das aber hängt damit zusammen, daß die Metrik der mittleren Periode wirklich in
ihrem Wesen eine poetische Metrik war, diejenige der letzten
dagegen sich völlig der ästhetischen Eigenart der Prosa an-
gepaßt hatte. In der zweiten Periode gebrauchte man die
Metrik, also die dithyrambische Metrik, wenn man hochpoetisch
schreiben oder sprechen wollte. Man gebrauchte sie nicht,
wenn man das nicht wollte: daher bei Lysias der Gegensatz
zwischen dem Epitaphios und den Gerichtsreden, bei Gorgias
zwischen dem Epitaphios und der platonischen Parodie einerseits und dem Palamedes anderseits, bei Thrasymachos
zwischen der platonischen Parodie und dem erhaltenen Fragmente des demegorikos logos. Daß dieser Gegensatz ein
wesentlich und historisch begründeter ist, werde ich unten
zeigen. Vom geschichtlichen Standpunkte aus betrachtet, hat
diese poetische Metrik hauptsächlich die Bedeutung, daß sich
aus ihr, und in bewußtem Gegensatz zu ihr, diejenige Prosametrik entwickelt hat, die bald nachher die wichtigste, besser
gesagt, die einzige Rolle spielen sollte, und die bis zum
Ausgang des Altertums und wohl noch später weitergelebt hat.

Der letzte und zugleich der größte, wenngleich nicht der
am meisten typische Vertreter derjenigen Stilrichtung, die die
Versmetrik in der Prosa nicht nur nicht vermeidet, sondern
sie sogar zur größten Vollendung bringen wollte und tatsächlich gebracht hat, war Demosthenes. Ich habe früher einmal ausführlich über seine Metrik geschrieben, will daher hier
nur das Wesentliche hervorheben. Demosthenes sucht jede
Kombination von Daktylen und Choriamben, sogar die ununter-
brochene Wiederholung derselben ist ihm nicht fremd. Auch
hat er eine große Vorliebe für wiederholte Kretiker, vermeidet
aber, und daraus geht wieder einmal klar hervor, daß wir es
nicht mit Schemata, sondern mit Persönlichkeiten zu tun
haben, Iamben und Trochäen. In diesen beiden letzten Tendenzen weicht er wesentlich von der dithyrambischen Metrik
der Sophisten ab, bei denen, soweit ich sehe, nirgends die
Wiederholung der Kretiker gesucht wird, außer vielleicht hier

und dort am Ende des Satzes. Als Beispiele der demosthenischen Metrik führe ich folgendes an: (περὶ τοῦ στεφ. τῆς
τριηρ. 1229) .ἐγὼ μὲν περιώρμισα καὶ στέφανον διὰ ταῦτα παρ'
ὑμῶν ἔλαβον, οὗτοι δ'οὐδὲ καθείλκυσαν, ὥστ'ἔνοχοι δεσμῷ γεγόνασιν.
Πῶς οὖν οὐκ ἀτοπώτατον ἂν διαπράξαισθ' ἔργον, εἰ τοὺς καθ'αὐτῶν
ἐάσαντας τίμημα τοιοῦτον ἐπαχθῆναι, τούτους στεφανώσαντες ὑμεῖς
φαίνοισθε;

(κατ''Ανδρ. 594) καὶ περὶ μὲν τῶν ἰδίων ἔχων ἔτι πολλὰ λέγειν
ἐάσω· usw.

Das sogenannte Blass'sche Gesetz (Vermeidung von ⌣⌣⌣,
⌣⌣⌣⌣, ⌣⌣⌣⌣⌣ usw.) ist nur ein Ausfluß der oben formulierten
Tendenzen.

Was nun aber besonders den Demosthenes von Gorgias
und den anderen Künstlern dieser Art unterscheidet, ist, daß
er die von diesen Bahnbrechern zur allgemeinen Anwendung
gebrachten Kunstmittel nicht nur völlig beherrscht, sondern
daß die Metrik bei ihm zwar oft ununterbrochen scheint, sich
dagegen auf eine nicht leicht zu bestimmende Weise völlig
der Periodisierung unterordnet. Damit hat Demosthenes erreicht, was keinem der späteren wieder gelungen ist: er hat
es nämlich verstanden, die Versmetrik, die doch dem ästhetischen Gefühl als der Eigenart der Prosa zuwider scheinen
möchte, in den höheren Rhythmus der Prosa, die Periodisierung,
als etwas Hineingehörendes hineinzufügen. Damit hat er den
gewaltigen Schwung der Perioden erreicht, den wir anderswo
nicht finden; die anderen haben sich in der Praxis alle den
Vorschriften der späteren Rhetorik angeschlossen, nach denen
die Versmetrik in der Prosa verpönt war: dennoch führt einer
der am meisten überzeugten Bewunderer, Hermogenes, unter
den Beispielen der schönen demosthenischen Metrik mit Vorliebe Hexameterschlüsse an (vgl. F. Di Capua, Cicerone Orator,
217, e la clausula eroica nella prosa metrica greca e latina,
Boll. di fil. class., XX, 1913—14, 49).

Worin nun aber diese Kunst des metrischen Periodenbaus
des Demosthenes besteht, das wird sich wohl auch ohne die
in der modernen Klauselliteratur so beliebten Allgemeinheiten
durch genaue statistische und andere Untersuchungen näher
bestimmen lassen. Zum Wesentlichen scheint mir hier zu

gehören, daß sich bei ihm oft, wenn auch lange nicht immer, das Satzende in metrischer Hinsicht deutlich vom übrigen Teil des Satzes abhebt. Von einer Vorliebe für die späteren hellenistischen Schlüsse, die man ihm seit Norden (Antike Kunstprosa, 923) gerne, aber ohne jeden Grund beilegt, kann gar nicht die Rede sein. Aber eine größere Vorliebe für den Ditrochäus am Ende des Satzes als sonstwo glaube ich ihm doch nachgewiesen zu haben (Hb. 34). Eine wichtige Rolle spielt auch die mehrfache Wiederholung der Kretiker, von der sich in der älteren Prosametrik nur· vereinzelte Spuren finden. Durch diese Mittel scheint das Ende des Satzes und des Satzteiles für das Gehör einigermaßen, wenn auch nicht so deutlich, wie bei den späteren Rednern, bezeichnet zu werden. Damit verliert die versmetrische Prosa das »aperanton«, das dem Aristoteles besonders deshalb gehässig war, weil es, auch für uns noch, offenbar zu der Eigenart der guten Prosa gehört, daß in ihr die Einheiten der Gedanken und Vorstellungen mit den sprach-rhythmischen Einheiten zusammenfallen. Dem Aristoteles aber kann die Kunst des Demosthenes nicht gefallen haben; daraus allein wird sich die Tatsache, daß er ihn in der Rhetorik nirgends anführt, genügend erklären lassen.

Damit ist die Grundlage gegeben, auf der sich die hellenistische Prosametrik entwickelt hat.

IV. Die dritte Entwicklungsperiode.

Das wichtigste Dokument für die Geschichte der griechischen Prosametrik in der klassischen Zeit, aber als solches bis jetzt nicht gewürdigt, ist Platons Phaidros. Um seine Bedeutung zu verstehen, müssen wir auf das Vorhergehende zurückgreifen.

Es ist von vornherein verständlich, daß sich die Prosametrik in der älteren Periode, wie die ältere Prosa überhaupt, an die Poesie anschließt. Während von Periodisierung noch nicht die Rede ist, finden wir epische Metra durch die Sätze hindurchgestreut. Die zweite Periode dagegen beginnt ungefähr gleichzeitig mit der allgemeineren Verbreitung der Periodisierung. Jetzt verfügt die griechische Prosa über zwei rhythmische Mittel: 1. Prosametrik im oben genannten Sinne,

also epische, jetzt aber auch besonders dithyrambische Versmetrik und 2. Periodisierung. Diese beiden Faktoren stehen
anfangs frei neben einander; bei der Anwendung der Versmetrik wird auf die Periodisierung wenig geachtet, die
rhythmischen Einheiten der Periode sind noch nicht
zu metrischen Einheiten geworden.

Für die dritte Periode sind nun zwei Tendenzen
charakteristisch: 1. die Vermeidung jeder Versmetrik in der
Prosa; 2. die Umbildung der höheren rhythmischen Einheiten,
ich meine die Teile der Periode (Kola oder Kommata), zu
metrischen Einheiten, also anstatt einer freien Kombination
von Periodisierung und Metrik eine Verschmelzung dieser
beiden rhythmischen Elemente. Diese Verschmelzung findet
in der Weise statt, daß die Metrik jetzt nicht mehr Versmetrik ist, und daß sie sich auf das Ende der Kola zurückzieht. Die Versmetra werden geradezu gemieden, besonders
$\_\cup\cup\_\times$ und $\_\cup\_\times$ (z. B. bei Platon und Pomponius Mela).
Dies sowie das Zurücktreten der Metrik auf das Ende der
Kola ist eine Folge des immer stärker vordringenden ästhetischen Gefühls, daß Prosa und Poesie heterogene Gebiete
sind. Diese Auffassung ist wiederum eine Folge der immer
reicheren Ausbildung der Kunstprosa. Sie konnte mit der
Weiterentwicklung der Prosakunst nur zunehmen.

Wir finden die oben genannte Entwicklung und die
damit zusammenhängenden Gegensätze sowohl in der Theorie
wie in der Prosa selbst. Es versteht sich aber, ich brauche
es kaum zu erwähnen, daß die Persönlichkeiten sich nicht
immer in das theoretische Schema, das aus ihrer Praxis
herauskonstruiert ist, einreihen lassen. Wenn wir z. B. auch
nicht daran zweifeln können, daß der antike Satzschluß
anfangs quantitierend, später akzentuierend war, so gibt es
doch Schriftsteller, die beides machen, und es gibt Texte,
die sowohl quantitierend als auch rhythmisiert sind. Um so mehr
freuen wir uns aber, in der Entwicklung von der älteren
zu der jüngeren Literatur diesen Gegensatz von Quantität
und Akzent deutlich aufweisen zu können, einen Gegensatz,
der sich auch hier wieder in der Theorie wie in der Praxis
widerspiegelt.

Ähnlich verhält es sich mit der Entwicklung des Rhythmus in der Kunstprosa. Vergleichen wir die ionische Prosa, besonders Herakleitos, wo die epische Metrik deutlich ist, die bewußte Periodisierung dagegen fehlt, mit den zerhackten metrischen Perioden, die Platon als parodierende Imitation des Thrasymachos gibt, oder mit der erotischen Lysiasrede, die er als eine solche des Lysias anführt (wenn sie nicht von Lysias selbst herrührt), so fällt der Unterschied zwischen der ersten und zweiten Periode sofort auf. Ich vergleiche:

Herakleitos:

98 ἑνὸς φιλίη ξυνετοῦ κρέσσων ἀξυνέτων πάντων, 106 ἐν εὐτυχίῃ φίλον εὑρεῖν εὔπορον, ἐν δὲ δυστυχίῃ πάντων ἀπορώτατον
(‿ – ‿ ‿ – ‿ ‿ – – ‿ ‿ – ‿ – ‿ ‿ – – ‿ ‿ – ‿ ‿).

Thrasymachos (Phaidros 267 C):
τῶν γε μὴν οἰκτρογόων ἐπὶ γῆρας καὶ πενίαν ἑλκομένων λόγων κεκρατηκέναι τέχνῃ usw.

(– ‿ – – ‿ ‿ –

‿ ‿ – – – ‿ ‿ –

– ‿ ‿ – ‿ ×

‿ ‿ – ‿ – ‿ –)

Lysias (Phaidros 240 C D):
νεωτέρῳ γὰρ πρεσβύτερος συνὼν
οὔθ' ἡμέρας οὔτε νυκτὸς ἑκὼν
ἀπολείπεται,
ἀλλ' ὑπ' ἀνάγκης τε καὶ οἴστρου
ἐλαύνεται usw.

Damit ist aber nicht gesagt, daß Thrasymachos und Lysias nicht ganz anders schreiben konnten, ich meine auf eine Art und Weise, die wir als zu der dritten Periode zugehörig betrachten. Was für uns vom historischen Gesichtspunkte aus betrachtet eine Entwicklung ist, war für sie nur ein stilistischer Unterschied: die lose Verbindung dithyrambischer Metra mit dem Periodenbau war für sie das poetische Element in der Prosa, das sie nur dort, wo sie der Poesie näher kommen wollten, anwendeten.

Aber dieser Unterschied zwischen der Kunstprosa der zweiten und der dritten Periode ist nicht weniger deutlich zwischen dem Phaidros einerseits und den späteren Werken Platons anderseits. Ich gebe davon, bevor ich auf den Phaidros selbst zu sprechen komme, einige Beispiele.

Phaidros (240 CD):

νεωτέρῳ γὰρ πρεσβύτερος συνὼν (‿◡◡‿◡×)
οὔθ'ἡμέρας οὔτε νυκτὸς ἑκὼν
ἀπολείπεται (‿◡◡‿◡◡‿◡×),
ἀλλ'ὑπ'ἀνάγκης τε καὶ οἴστρου ἐλαύνεται (‿◡◡‿◡◡‿◡×) usw.

Gesetze (973 B):

ὦ φίλε Κλεινία, καλῶς μὲν λέγεις (‿◡‿◡◡×)
ἄτοπον μὴν ἀκούσεσθαι σε λόγον οἶμαι (‿◡◡◡‿×)
καί τινα τρόπον οὐκ ἄτοπον αὖ (◡◡◡‿).

Auf diesen Gegensatz komme ich bald ausführlicher zu sprechen.

Der Phaidros ist in einem Stile, den Platon sonst nur in gewissen Partieen im Symposion und sonstwo anwendet, geschrieben. Die äußerlichen Kennzeichen dieses Stils sind die dithyrambische Metrik und die hochpoetischen Worte. Bald sind diese tatsächlich nur rein äußerlich, bald werden sie durch einen wirklich hochpoetischen und hochphilosophischen Inhalt getragen und bilden mit ihm ein homogenes Ganzes. Das wichtigste daran ist nun, daß der ganze Phaidros so geschrieben ist, nicht etwa die eine oder die andere Rede, sondern alles. Man braucht nur auf die Metrik der Gespräche zu achten, um davon überzeugt zu werden. Gleich anfangs:

(Phaidr.) συχνὸν γὰρ ἐκεῖ διέτριψα χρόνον καθήμενος ἐξ ἑωθινοῦ (‿‿◡◡‿◡◡‿◡◡‿ usw.)

(Sokr.) καλῶς γάρ, ὦ ἑταῖρε, λέγει. ἀτὰρ Λυσίας ἦν, ὡς ἔοικεν, ἄστει.

(Phaidr.) .προϊόντι ἀκούειν (◡◡‿◡◡‿×)

Dann z. B. 267 D:

(Sokr.) ταῦτα λέγω, καὶ εἴ τι σὺ ἄλλο ἔχεις εἰπεῖν λόγων τέχνης πέρι (‿◡◡‿, ‿‿◡◡‿◡◡‿‿‿◡‿◡×)

und 279 A.

(Sokr.) δοκεῖ μοι ἀμείνων ἢ κατὰ τοὺς περὶ Λυσίαν εἶναι λόγους τὰ τῆς φύσεως, ἔτι τε ἤθει γεννικωτέρῳ κεκρᾶσθαι (◡‿◡◡‿‿‿◡◡ ‿◡◡‿‿◡◡‿◡◡‿, ◡◡‿‿◡‿◡◡‿×).

Ich glaube, wir können nicht daran zweifeln, daß dieser Gegensatz das Wesentliche dieses Dialogs ist: die hochpoetische Prosa leeren Inhalts und dieselbe Prosa als der Ausdruck adäquater, also hochpoetischer Gedanken und Vorstellungen. Offenbar wollte Platon der landläufigen Rhetorik gegenüber zeigen, wie lächerlich einerseits, wie erhaben anderseits sie sein konnte. Daß er sich in der Bekämpfung der damaligen Rhetorik gegen diese Art Prosa wendet, beweist deutlich, daß sie allgemein war, auch wenn uns nur wenig davon erhalten ist. Das wesentliche Problem in seinem Verhältnis zur Moderhetorik war, ob diese hochpoetische dithyrambische Prosa überhaupt gerechtfertigt werden konnte, und wenn das möglich war, in welchem Fall. Die platonische Lösung des Problems, das zu den wichtigsten Tagesfragen gehörte, scheint uns einfach: diese poetische Prosa ist als Träger hochpoetischer Stimmungen gerechtfertigt, aber nur dann, wenn sie von der hohen Philosophie getragen wird, wenn sie also gewissermaßen deren Ausfluß ist. Damit ist der einzig berechtigten poetischen Rhetorik, der φιλόσοφος ῥητορική, der Weg gewiesen.

Mir kommt es nun darauf an zu beweisen, daß der andere Gegensatz zwischen den äußerlichen Kunstmitteln, die Platon bald karikierend oder parodierend, bald ernsthaft im Phaidros und im Symposion verwendet, und denjenigen, die sich in den späteren Werken finden.

1. mit Stil und Inhalt aufs engste verknüpft ist;

2. auch in der Metrik deutlich zutage tritt;

3. mit der historischen Entwicklung, nämlich mit dem Übergange von der zweiten zu der dritten Periode der Prosametrik parallel geht; und

4. daß sich aus diesem Gegensatze die spezifisch platonische Metrik herausentwickelt hat, eine Entwicklung, die in seinen späteren Schriften in chronologischer Anordnung deutlich nachzuweisen ist; sowie

(5) daß dieser Gegensatz auch dem Aristoteles bewußt war (Rhet. 7, 11; 1408 B).

Diese Punkte werde ich jetzt versuchen etwas näher auszuführen. So glaube ich meine Behauptung rechtfertigen

zu können, daß der Phaidros für die Geschichte und das
Verständnis des griechischen Prosarhythmus das wichtigste
Dokument ist. Damit wird schließlich eine alte, jetzt wohl
kaum mehr lebendige Auffassung, daß die poetische Sprache
des Phaidros als Beweis ihrer frühen Abfassungszeit angeführt
werden darf, hinfällig. Der Phaidros ist in erster Linie eine
philosophische Untersuchung der Berechtigung der Rhetorik;
der ganze Dialog wendet überall dieselben Kunstmittel des
erhabenen Stils an, um zu zeigen, wo sie an ihrem Platze
sind und wo nicht. Diese Kunstmittel sind daher nicht der
Ausfluß der Jugendsprache Platons; im Gegenteil werden sie
hier einerseits mit voller Berechnung parodierend, anderseits
mit tiefster Kunst angewandt.

1. Was den ersten Punkt anbelangt, müssen wir uns
vor allem davon überzeugen, daß der Unterschied zwischen
den Kunstmitteln des proteros und des deuteros logos des
Sokrates ein gradueller, kein wesentlicher ist. Sowohl die
poetische Sprache wie die dithyrambische Metrik finden sich
auch in der zweiten Rede wieder. Allerdings will Platon auch
zeigen, wie hochpoetische Prosa sein soll, wie sie ihre Kunstmittel anwenden darf; aber es kommt ihm doch hauptsächlich
darauf an, darauf hinzuweisen, welche Prosa hochpoetisch
sein darf, nämlich die hochphilosophische. Allerdings ist der
proteros logos nun einmal eine Parodie, und daß dort helle
Farben aufgetragen sind, darüber können wir uns nicht
wundern: aber die Farben selbst sind dieselben in der zweiten
Rede, nur etwas weniger dick aufgetragen; besonders deutlich
tritt das wieder in der Metrik hervor. Wie ich schon früher
statistisch nachgewiesen habe, ist diese auch im deuteros logos
deutlich dithyrambisch. Davon kann man sich, wenn man
darauf achtet, leicht überzeugen (Hb., 72).

Norden, dem die Platonforschung gerade auf diesem Gebiete vieles verdankt, betrachtet selbstverständlich die erste
Sokratesrede als eine Imitation des sophistischen Stils (Antike
Kunstprosa, 110 ff.). Er glaubt aber, daß außer dieser Rede
nur noch ein Teil der Rede der Diotima im Symposion als
Imitation desselben in Betracht kommt; diese letzte Rede faßt
er aber nicht als Ironie auf. Dagegen glaubt er, daß im

deuteros logos des Phaidros dieselbe hochpoetische Diktion
der sophistischen Prosa ganz zurücktritt, daß er diese überhaupt nur spielerisch und nur bei verhältnismäßig niederen
Stoffen verwendet (wie im proteros logos); der höchste lyrische
Schwung der Rede Platos verschmäht überhaupt, nach Norden,
niedere Mittel äußerlicher Art.

Ich habe darüber nun schon oben meine Meinung gesagt
und kann hier nicht auf eine ausführliche stilistische Untersuchung der in Betracht kommenden Stellen eingehen. Daß
der deuteros logos in einem poetischen Stile geschrieben ist,
wird wohl zugegeben werden, und da bleibt nur die Frage
übrig, welche die Kunstmittel äußerlicher Art sind. Zu denselben rechne ich nun ohne Zögern die dithyrambische Metrik.
Daß diese im deuteros logos, wenn auch mäßig, angewendet
wurde, steht außer Frage. Für mich bleibt daher der Unterschied zwischen dem proteros logos und dem deuteros in
den äußerlichen Kunstmitteln kein wesentlicher,
sondern ein gradueller.

2. Hier gilt es also den Nachweis zu erbringen, daß
die späteren Dialoge metrisch geschrieben sind, aber auf eine
ganz andere Art als der Phaidros. Der Gegensatz zwischen
diesen beiden läßt sich am besten mit den Worten Versmetrik und Prosametrik charakterisieren. Das läßt sich in
Einzelheiten leicht illustrieren.

Die modernen Literaturhistoriker werden nicht müde,
direkt oder indirekt zu behaupten, es sei vergebliche
Mühe, die metrischen Tendenzen Platons zu formulieren zu
versuchen. Norden sagt (Kunstprosa, 67): »Wie Isokrates, der
größte bewußte Künstler des Stils, es fast immer erreicht
hat, den Hiat zu vermeiden, ohne daß er den Worten durch
Umstellung allzu große Gewalt antat usw. so schreibt
Platon, der größte instinktive Künstler des Stils, rhythmisch
ohne Zwang (obwohl auch er einer gut bezeugten Tradition zu-
folge gefeilt hat). .«. Die griechische Klauselmetrik läßt Norden
erst mit Demosthenes anfangen. Wilamowitz schreibt (Platon[1],
II, 427) »Und immer verleiht er seinen Sätzen einen ganz
besonderen, persönlichen Rhythmus, der freilich mit Längen
und Kürzen, wie es die erstarrende Rhetorik treibt, nicht zu

schematisieren ist — was sich meiner Überzeugung nach auch bei Isokrates und Demosthenes nicht erreichen läßt.«

Diese Überzeugung werden wir nun gerne respektieren: noch lieber würden wir das tun, wenn wir wüßten, daß sie auf Grund einer Untersuchung erworben war. Daß Platon, der im Phaidros die Metrik der sophistischen Kunstprosa bewußt imitiert und in seinen späteren Werken gewisse metrische Regeln fast bis zur Ausnahmslosigkeit befolgt, nur unbewußt metrisch geschrieben hat, scheint mir ausgeschlossen.

Wir werden jetzt die Metrik des Phaidros mit derjenigen der späteren Werke vergleichen.

Wir finden dann erstens, daß der Phaidros eine Vorliebe für gewisse metrische Reihen durch den ganzen Satz hindurch, und zwar für iambo-trochäische, kretische, daktylo-anapästische und choriambische Maße oder Kombinationen von diesen, zeigt. Also z. B. für

$$— \cup \cup — \cup \cup — \cup \cup$$
$$— \cup \cup — — \cup \cup — — \cup \cup —$$
$$— \cup — \cup — \cup — \cup$$
$$— \cup — — \cup — — \cup —$$
$$— \cup \cup — \cup \cup — \cup — \cup$$

Vorliebe für genau dieselben Formen zeigt auch die Metrik des Satzendes, und daher haben wir, obgleich genauere Untersuchungen fehlen, Grund anzunehmen, daß wir es hier mit Satzmetrik ohne besondere Berücksichtigung der Schlüsse zu tun haben, wie es eben in der Versmetrik der Fall ist. Denn am Satzende sind besonders häufig (verglichen mit den Schlüssen nicht metrischer Prosa):

$$\left. \begin{array}{l} \cup — \cup \cup \times \\ — — \cup \cup \times \end{array} \right\} \text{also} \quad — \cup \cup \times$$

$$\cup \cup — \cup \times$$
$$— \cup — \cup \times$$
$$\cup \cup — \cup \times$$
$$— — — \cup \times$$

$$- \smile \smile - \times$$
$$\smile - \smile - \times$$
$$- - \smile - \times$$

also $- \smile - \times$ und $- \smile \smile - \times$

Gemieden sind alle anderen Schlüsse, also besonders die
längeren Reihen von langen und von kurzen Silben:

$$\smile \smile \smile \times$$
$$- \smile \smile \smile \times$$

also $\smile \smile \smile \times$

$$\smile \smile \smile - \times$$
$$\smile \smile - - \times$$
$$- \smile - - \times$$
$$\smile - - - \times$$
$$- - - - \times$$

also $- - \times$ und $\smile \smile \smile - \times$

Das wesentliche an der Phaidros-Metrik ist also:

1. die Vorliebe für dithyrambische Maße,
2. das Fehlen einer besonderen Schlußmetrik.

Dagegen finden wir in den Gesetzen:

1. Vermeidung von dithyrambischen Maßen, also Vermeidung der Formen $- \smile -$, $- \smile \smile -$ und ihrer Kombinationen (Hb. 176, 9 bis 12) und eine starke Vorliebe für längere Reihen von kurzen Silben: $\smile \smile \smile$, $\smile \smile \smile \smile$, $\smile \smile \smile \smile \smile$, $\smile \smile \smile \smile \smile \smile$ usw. den ganzen Satz hindurch.

2. Vorliebe für gewisse Formen besonders am Ende des Satzes, eine Vorliebe, die darin zum Ausdruck kommt, daß sich sehr oft eine gewisse Reihe von Silben bestimmter Länge am Ende des Satzes vom übrigen Teile des Satzes abhebt, ohne daß sich der Autor darum kümmert, was der ersten Silbe dieser Reihe vorangeht.

Tatsächlich sind also die Eigentümlichkeiten des Phaidros in den späteren Schriften gemieden. Dieses Ergebnis werden wir auch jetzt, wo wir die positiven Tendenzen Platons zu bestimmen beabsichtigen, bestätigt finden.

Denn hier zeigt sich uns erstens die merkwürdige Erscheinung, daß die Vermeidung der dithyrambischen Maße erst recht am Ende des Satzes und dort sogar noch stärker als innerhalb des Satzes zutage tritt. Das kann selbstverständlich nur der Vergleich von ganzem Satz mit dem Ende des Satzes lehren. Einen solchen habe ich für die Gesetze vorgenommen. Er hat gezeigt (Hb. 190), daß sich das Satzende vom übrigen Teil des Satzes abhebt dadurch, daß die dithyrambischen Maße am Ende des Satzes gemieden wurden u. a.:

‒ ◡ ◡ ×

‒ ◡ ◡ ‒ ×

‒ ◡ ‒ ×,

Offenbar meidet er den dithyrambischen Schluß noch mehr als die bezüglichen Formen innerhalb des Satzes. (Die hohe Frequenz der Form ◡◡‒◡× bildet wohl nur eine scheinbare [übrigens die einzige] Ausnahme, weil sie ein Ausfluß einer hohen Frequenz der Form ◡◡◡‒◡◡ sein kann, ohne für eine Vorliebe für ◡◡‒◡◡ zu sprechen).

Positive Tendenzen Platons. Außer denjenigen Tendenzen, die aus der Abneigung gegen die durchgängige Metrisierung der Prosa zu erklären sind, treten die folgenden hervor:

1. Vermeidung längerer Reihen von langen Silben am Ende des Satzes

‒ ‒ ‒

‒ ‒ ‒ ‒

‒ ‒ ‒ ‒ ‒ usw.

2. Vorliebe für folgende Formen am Ende des Satzes:
1. ◡◡◡×
2. ‒◡‒◡×
3. ◡‒‒◡×
4. ‒‒‒◡×
5. ◡◡◡‒×.

Dazu ist folgendes zu bemerken. Die Formen 3. und 4. gehören zusammen, was sich aus der Tatsache ergibt, daß in beiden eine Vorliebe für eine lange Schlußsilbe herrscht. Diese Vorliebe besteht sonst nur in der Form ◡◡◡×. Wir sind also wohl dazu berechtigt, folgendes Schema anzunehmen:

1. ◡◡◡‒, 2. ‒◡‒◡×, 3. (4.) ‒×‒‒◡‒, 5. ◡◡◡‒×.

Auf die Ähnlichkeit dieser Formen mit denjenigen des hellenistischen Kanons komme ich später zu sprechen.

3. Daß nun der Gegensatz zwischen der Metrik des Phaidros und derjenigen der späteren platonischen Schriften derselbe ist als derjenige zwischen der zweiten und der dritten Periode des antiken Prosarhythmus, scheint mir evident. Die Metrik des Phaidros ist diejenige der epideiktischen Prosa; die Metrik der späteren Schriften Platons unterscheidet sich von dieser Prosa in genau denselben Punkten, worin sich die hellenistische, darunter die römische Prosa, von ihr unterscheidet: Vermeidung der Versmetrik und Zurückziehung des Metrums auf den Schluß. Dieser Gegensatz ist zugleich ein entwicklungsgeschichtlicher. Deutlicher wird dieses noch, wenn wir Punkt 4 ins Auge fassen, wo sich zeigen wird, daß sich auch bei Platon die metrischen Tendenzen der späteren Schriften erst allmählich entwickelt haben.

4. Wir werden versuchen, hier zu beweisen, daß Platon in seinen älteren Dialogen nicht metrisch schreibt, sondern sich erst allmählich, aber immer weiter davon entfernt. Die nichtmetrische Periode seiner älteren Schriften ist hier gewissermaßen die Indifferenzlage, von wo aus sich einerseits die dithyrambische Metrik, anderseits die Metrik des späteren Stils bewegt. Daß die Entwicklung des letzteren also eine der dithyrambischen Prosa gerade entgegengesetzte war, darauf brauche ich hier nicht weiter einzugehen.

Zur Illustration gebe ich hier die Frequenz gewisser metrischer Formen am Ende des Satzes in den verschiedenen Dialogen, die ich chronologisch ordne. Diese Anordnung wird wohl keinen der Platonforscher ganz befriedigen, mag aber im großen und ganzen doch die richtige sein.

.	Allmähliche Vermeidung der Formen		Vorliebe für
	$-\cup-\vee$	$-\cup\cup-\vee$	$\cup\cup\cup\vee$
Apologie	14,1 %	8,5 %	6,9 %
Kriton	15,8	6,9	4,4
Protagoras	14,0	7,3	8,0
Charmides	13,3	5,8	6,0
Laches	13,0	6,6	8,5
Lysis	14,7	6,1	8,6

	Allmähliche Vermeidung der Formen		Vorliebe für
	$\_\smile\_\smallsmile$	$\_\smile\smile\_\smallsmile$	$\smile\smile\smile\smallsmile$
Euthyphron	12,7	6,9	12,2
Gorgias	12,2	6,9	8,7
Hippias minor	15,2	7,6	9,1
Euthydemos	15,8	5,9	5,9
Kratylos	16,1	6,0	11,6
Meno	14,2	7,6	8,0
Menexenos	11,4	5,4	6,0
Phaidros	16,4	9,4	7,4
Symposion	14,3	7,3	7,1
Phaidon	14,1	6,4	10,8
Theaitetos	13,5	7,9	8,9
Parmenides	16,0	8,9	11,1
Republik: Buch I	12,5	7,6	10,8
„ II	14,9	4,3	8,1
„ III	12,2	5,1	4,8
„ IV	12,1	7,9	10,1
„ V	12,6	8,4	9,9
„ VI	15,8	7,8	10,5
„ VII	13,5	5,7	11,4
„ VIII	16,1	8,7	8,0
„ IX	14.3	9,1	8,8
„ X	16,9	4,9	9,5
Philebos	5,0	1,5	16,6
Politikos	7,1	1,2	12,3
Sophistes	9,7	5,1	11,2
Kritias	1,3	0,6	21,6
Timaios	15,2	4,5	13,1
Gesetze: Buch I	8,2	1,8	14,4
„ II	7,5	1,1	14,3
„ III	5,0	1,6	25,1
„ IV	5,3	1,8	14,6
„ V	4,5	0,9	21,4
„ VI	3,3	0,8	21,8
„ VII	6,4	1,3	19,1
„ VIII	6,7	0,8	17,9
„ IX	5,7	1,2	19,5
„ X	5,6	1,4	18,4
„ XI	4,5	0,4	15,4
„ XII	4,6	1,0	18,1

Weiter ist die Art der Entwicklung, welche die plato-
nische Prosa zweifellos zugleich durchmacht, diese, daß die
Metrik sich immer weiter von dem ganzen Satze auf den
Schluß zurückzieht. Wenigstens können wir ruhig annehmen,
daß sich der metrische Schluß durch die immer strengere
Befolgung metrischer Regeln immer schärfer abgrenzt.

5. Ich glaube jetzt nachweisen zu können, daß sich die
aristotelische Theorie der Prosametrik mit der platonischen
Praxis völlig deckt. Diese platonische Praxis unterscheidet
sich in zweierlei Hinsicht von nicht metrischer, besonders
aber von dithyrambischer Prosa: 1. jede Versmetrik wird
gemieden und 2. die Metrik zieht sich auf das Ende des
Satzes oder Kolons zurück und wird also hauptsächlich zur
Hervorhebung der Pausen angewendet.

Dasselbe gibt nun die aristotelische Theorie. Die Prosa
soll keine Versmetrik haben. Metrisch sollen besonders die
Silben vor und hinter den Pausen sein (Anfang und Ende),
und die Metrik soll nur bis zu einem gewissen Punkte gehen,
sich also in der Hauptsache auf den Anfang und den Schluß
des Kolons beschränken. Für den Satzanfang und den Anfang des Kolons bei Platon liegen keine Untersuchungen vor,
aber für den Schluß hat Aristoteles besonders den vierten Päon
($\smile\smile\smile-$) empfohlen, und es gibt keinen Schriftsteller im Altertum
soweit wir wissen, der Platon in der Häufigkeit dieser Form
gleichkommt.

$\smile\smile\smile\smile$ (Ende des Satzes)	(Hb., 169—179)
Thukydides	8,5 %
Demosthenes	2,6 %
Plutarch....................	13,0 %
Philon	10,8 %
Isokrates	5,0 %
Chariton	12,9 %
Flavius Josephus............	14,3 %
Platons Gesetze	18,8 %

Dazu kommt, daß Aristoteles, wo er von der Theorie des
Isokrates abweicht (Isokrates empfiehlt Iamben und Trochäen,
Aristoteles nicht), mit der Praxis Platons übereinstimmt.

(Platon vermeidet stark ‿⌣‿⌣ am Ende des Satzes). So können wir kaum umhin, anzunehmen, daß sich die aristotelische Theorie des Prosarhythmus an die platonische Praxis anschließt und sogar vielleicht auf ihr aufgebaut worden ist. Wenn wir jetzt zum Schluß Platons Prosarhythmus kurz zu charakterisieren versuchen, so können wir sagen, daß er, vom ästhetischen Standpunkt aus, Prosa und Poesie scharf getrennt hat. Mit seiner Auffassung der Kunst im allgemeinen und der Poesie im besonderen kann diese Trennung nur aufs engste verknüpft gewesen sein. Daß er die Prosa und die Poesie als heterogene Elemente fühlte, hat ihn dazu geführt, die Eigenart der Prosa der Poesie gegenüber auch im Rhythmus scharf auszuprägen. Deshalb vermeidet er nicht nur jede Versmetrik, sondern räumt der Metrik überhaupt in der Rhythmisierung der Kunstprosa nur die zweite Stelle ein. Der höhere, der Prosa eigentümliche Rhythmus, die Periodisierung, ist die Hauptsache und die Metrik, die sich auf die Pausen zurückzieht, dient nur zur Hervorhebung dieser Pausen, also zugleich zur Hervorhebung der höheren rhythmischen Einheiten, der Kola. Die Metrik ist jetzt der Periodisierung völlig untergeordnet worden und damit hat Platon der folgenden Entwicklung für ein Jahrtausend den Weg vorgezeichnet.

Nicht dithyrambische Prosametrik außer Platon. Wenngleich Platon der bedeutendste Vertreter jener Kunstrichtung war, die jede Versmetrik meidet und das Ende des Satzes metrisch vom übrigen Teil trennt, muß diese Tendenz damals mehr oder weniger allgemein gewesen sein. Treten wir daher an die zeitgenössische metrische, nicht epideiktische Prosa heran und an solche epideiktische Prosa, die keine dithyrambische Metrik hat.

In Betracht kommen für uns ins erster Linie Gorgias mit dem Palamedes, Thrasymachos mit dem durch Dionysios erhaltenen Fragment des demegorikos logos, der Sophist Antiphon mit vielen kleineren Fragmenten, Antisthenes mit dem Aias und dem Odysseus und schließlich Alkidamas mit seiner Rede über die Sophisten.

Es würde nun besonders interessant sein zu wissen, inwieweit sich in diesen Werken das Ende des Satzes vom übrigen Teile unterscheidet. Dafür sind vergleichende Untersuchungen nach der Metrik des ganzen Satzes und nach dem Ende des Satzes notwendig; solche liegen aber nicht vor. Die meinigen beziehen sich fast nur auf das Ende des Satzes, können daher im allgemeinen nur darüber entscheiden, ob eine Form am Satzende gesucht ist oder gemieden, nicht aber darüber, ob die metrischen Tendenzen des Schlusses sich im ganzen Satz zurückfinden oder ein Unterschied besteht.

Es bleibt aber interessant zu sehen, daß hier eine Häufung von metrischen Tendenzen zutage tritt. Formen, die von dem einen Redner gesucht werden, meidet ein anderer; sogar in verschiedenen Werken desselben Verfassers herrscht nicht immer dieselbe Metrik. In einem Punkte stimmen sie alle überein, nämlich darin, daß die Formen _ _ _ _ und _ ◡ ◡ _ ◡ gemieden werden. Die Vermeidung der Form _ _ _ _ gehört zu der Eigenart metrischer Prosa überhaupt, soweit sie sich nicht bewußt gegen die herrschende Metrik wendet; die Vermeidung der Form _ ◡ ◡ _ ◡ deutet darauf hin, daß Versmetrik gemieden wird. Die Summe der Formen _ _ _ _ und _ ◡ ◡ _ ◡ am Ende des Satzes ist in nicht metrischer Prosa etwa 26 oder 27 %, in Alkidamas, Über die Sophisten 23 %, in der Helena des Gorgias 15,1 %, im Aias und Odysseus des Antisthenes 10,7 %.

Wenn wir an die Betrachtung der gorgianischen Helena und des Palamedes herantreten, so wissen wir, daß diese Reden stilistisch erheblich voneinander abweichen. Schon rein äußerlich kommt dieser Unterschied in dem Dialekt (fast nur σσ in der Helena, daneben auch ττ im Palamedes) und in der Hiatvermeidung im Palamedes, die in der Helena fehlt, zum Ausdruck. Dazu gesellt sich nun auch eine starke metrische Differenz, die z. B. zwischen dem Aias und dem Odysseus des Antisthenes völlig fehlt. Wenn wir also daran festhalten, daß diese beide Reden von Gorgias selbst herrühren, muß für diese Unterschiede eine Erklärung gegeben werden. Sehr bestechend ist nun die Hypothese

Drerups, daß der Unterschied sich einerseits aus der Stilgattung, anderseits aus chronologischer Differenz erklärt. Mit
Recht macht er darauf aufmerksam, daß die Helena eine epideiktische Rede, der Palamedes dagegen das Muster einer Gerichtsrede ist.

Während wir nun aber bei etwaigem Unterschied in
diesem Punkte in der Helena Vermeidung des Hiats erwarten
würden, fehlt sie hier, tritt dagegen im Palamedes deutlich
zutage. Das erklärt aber Drerup daraus, daß der Palamedes
eine spätere Schrift ist, die unter dem Einfluß des Thrasymachos stehe, dem Gorgias die Hiatvermeidung entlehnt
habe. Diese Hypothese scheint nun eine unerwartete Bestäti-
gung in der Metrik zu erfahren; denn das Fragment des
logos demegorikos des Thrasymachos hat eine verhältnis-
mäßig hohe Zahl Ditrochäen und Päonen ($-\smile-\smile$ und $\smile\smile\smile-$),
und gerade in der starken Vorliebe für diese Schlüsse weicht
der Palamedes stark von der Helena ab.

Der metrische Unterschied zwischen den beiden Reden
ist, wenn man darauf achtet, in der Tat auffallend. Die normale
Frequenz des Ditrochäus ist etwa 14,2 %, in der Helena
ist sie 4,5 %, im Palamedes 19,3 %. Merkwürdig ist ferner
die Vorliebe für $-\smile--\smile$ in der Helena, die im Palamedes
fehlt. Fürs übrige verweise ich auf die Tabellen.

In dem Fragment des Thrasymachos aus dem demegorikos logos, das uns Dionysios Halicarnassensis erhalten
hat, scheinen also besonders die Formen $-\smile-\smile$ und $\smile\smile\smile-$
hervorzutreten, von denen die zweite bekanntlich mehrfach
als thrasymacheïsch erwähnt wird; beide Formen gehören
auch später zu den beliebtesten Schlüssen.

Der Aias und der Odysseus des Antisthenes stimmen
metrisch vollkommen miteinander überein. Wenn ich sie als
ein metrisches Ganze betrachte, ist besonders eine starke
Vorliebe für den Ditrochäus, der normalerweise in 14,2 %
Häufigkeit vorkommt, hier aber mehr als die Hälfte aller Schlüsse
(59,5 %) für sich in Anspruch nimmt, zu bemerken. Merkwürdig
ist noch, daß die Vorliebe für $-\smile-\smile-\smile$ stärker ist als diejenige für $-\smile-\smile$, diejenige für $-\smile-\smile-\smile-$ aber wieder
stärker als diejenige für $-\smile-\smile-\smile$. Sonst treten alle anderen

Formen, außer $\smile\smile\smile$, die nun einmal in der griechischen Prosametrik eine große Rolle spielt, zurück.

Hieran knüpft sich nun weiter das Problem an, ob wir in dem Verfasser des Aias und des Odysseus denjenigen zu erblicken haben, gegen den die Parodie des Sokrates im proteros logos des Phaidros gerichtet ist. Dies ist Joels Auffassung (Philosophische Abh. Heinze dargebracht, Berlin 1906, mir zurzeit unerreichbar), und sie wird weiter ausgeführt von Bachmann (Aiax et Ulixes declamationes. Diss. Münster 1911).

Letzterer vergleicht auch die Metrik dieser Deklamationen mit derjenigen der ersteren Sokratesrede.

Nun haben wir gesehen, daß sich in dieser Sokratesrede besonders die Vorliebe für Daktylen und Choriamben geltend macht, also eine Vorliebe für $\_\smile\smile\_$ und für $\_\smile\smile\_\smile\smile$, $\_\smile\smile\_\_\smile\smile\_$ usw. Wenn wir nun z. B. den Aias daraufhin untersuchen, so ist es sogleich klar, daß hier die Form $\_\smile\smile\_$ stark gemieden wird. Die normale Frequenz dieser Form pro 1000 Silben ist (Hb. 176) 61—68, im Aias dagegen 33! Fast noch auffallender ist, daß die Frequenz des Ditrochäus im Phaidros im allgemeinen (also wohl auch in dieser Rede) 16,3% (normal 14.2%), im Aias und Odysseus dagegen 59,5% beträgt. Der metrische Unterschied ist daher ein wesentlicher und erheblicher. Durch eine gewisse Zahlenmystik, die an die Pythagoreer erinnert, ist es aber Bachmann gelungen zu beweisen, daß die Metrik der beiden Werke ungefähr dieselbe ist; darauf gehe ich hier nicht ein.

Auch in der Rede des Alkidamas über die Sophisten sind die Formen $\_\smile\_\times$ und $\smile\smile\smile\times$ gesucht, dagegen treten auch $\_\smile\smile\_\smile\times$, $\_\smile\_\_\times$, $\smile\smile\smile\_\_\times$, $\_\smile\smile\smile\_\times$ und $\_\smile\_\_\smile\times$ in den Vordergrund. Hierin stimmt sie mit der kanonisierten hellenistischen Metrik völlig überein. Diese Übereinstimmung muß ein Zufall sein; direkter Einfluß kann, soweit wir wissen, in dem Maße nicht vorliegen.

Schließlich kommt noch der Sophist Antiphon hier in Betracht. Wenn ich richtig zähle, gibt es in den von Diels (Vorsokratiker) gesammelten Fragmenten etwa 53 schwerere Interpunktionen, darunter keinen einzigen Hexameterschluß.

Auffallend oft begegnet uns die Form _‿_ _◡, dagegen tritt _ _ _ _, wie gewöhnlich, stark zurück.

Damit ist das, was wir über den älteren griechischen Prosarhythmus sagen wollten, zu Ende. Eine erschöpfende Darstellung wollten wir nicht geben, sondern nur zeigen, daß es in dieser Zeit zwei Arten Prosarhythmus gegeben hat: eine, die sich an die Poesie anschließt, eine andere, die sich von ihr abwendet. Für die erste ist die dithyrambische Metrik, für die andere die Vermeidung des Hexameterschlusses besonders charakteristisch. Einförmigkeit der Metrik gibt es in dieser Periode nicht: darin unterscheidet sie sich wesentlich von der hellenistischen, in der, wie so vieles, auch der Rhythmus schematisiert und kanonisiert wurde. Treten wir jetzt an diese heran.

V. Die hellenistische Zeit.

Das häufige Auftreten offenbar nicht zusammenhängender Formen einerseits, die Selbstverständlichkeit anderseits, mit der im hellenistischen Zeitalter die Anwendung dieser Formen und keiner anderen angestrebt wird, setzen eine lange Entwicklung voraus. In den Einzelheiten ist uns diese Entwicklung nicht bekannt und wird uns wohl nicht bekannt werden: merkwürdig bleibt die Tatsache, daß wir dieselbe Metrik in den Schriften Philons finden, wie in der Antiochosinschrift von Kommagene, in dem Volksbeschluß von Mantinea-Antigoneia oder in den spärlichen Fragmenten des Hegesias von Magnesia. Diese Prosametrik muß es also gewesen sein, welche die Römer kennen gelernt haben, als die griechischen Rhetoren nach Rom kamen, und als sie selbst später nach Griechenland und Kleinasien hinübergingen. Um die Metrik Ciceros und seiner älteren Zeitgenossen zu verstehen, müssen wir also zuerst diese Metrik zu analysieren versuchen. Zu diesem Zweck werden wir damit anfangen, die metrischen Tendenzen Philons zu untersuchen. Das ausführliche Material, über das wir bei ihm verfügen, gibt den nicht hoch genug anzuschlagenden Vorteil, daß jeder Zweifel, der bei beschränktem Material über die Vorliebe für oder die Abneigung gegen eine Form oder über deren Länge entstehen könnte, sogleich durch die Heranziehung anderer Schriften beseitigt wird.

Die Prosa Philons ist derart, daß sich darin, wie bei fast jedem metrischen Schriftsteller, jede metrische Form an einer oder an mehreren Stellen findet. Der Unterschied metrischer von nicht metrischen Texten besteht nicht darin, daß die »guten Formen« zur ausschließlichen Anwendung kommen, sondern darin, daß die Häufigkeit gewisser Formen am Ende des Satzes entweder von derjenigen innerhalb des Satzes oder von derjenigen in nicht metrischer Prosa abweicht. Meistens wird beides der Fall sein. Die anderen oben erwähnten Texte, die hegesianischen Fragmente und die Inschriften, sind Musterstücke der zeitgenössischen Rhetorik, in denen die weniger beliebten oder sogar gemiedenen Formen kaum zugelassen werden: die hier überhaupt vorkommenden Formen sind aber dieselben, für welche auch die Prosa Philons, in der man nicht in dem Maße den Einfluß der Rhetorenschule spürt, eine Vorliebe zeigt.

Von Philon werden gesucht (Hb. 55 und 196):

    I. $\_\cup\cup\_×$ (1,6)

    II. $\_\cup\cup\cup\_×$ (2,0)

    III. $\_\cup\_\_×$, $\cup\cup\cup\_\_×$, $\_\cup\cup\cup\_×$, $\_\cup\_\cup\cup×$, $\cup\cup\cup\_\cup\cup×$ (für $\_\cup\_\_×$) (1,6)

    IV $\_\cup\_\_\cup×$ (1,2)

    V. $\_\cup\_×$ (1,4)

(überall ist der Quotient angegeben, der durch einen Vergleich mit der Häufigkeitszahl innerhalb des Satzes erhalten wurde. Dieser Quotient gibt daher die Kraft der Tendenz an, welche zugunsten der Form am Ende des Satzes wirksam ist).

Es hat sich außerdem herausgestellt, daß es Philo durchaus nicht gleichgültig ist, was der Form $\_\cup\_×$ vorangeht. Um das zu untersuchen, kann man durch einen Vergleich mit dem ganzen Satze oder mit nicht metrischer Prosa feststellen, ob er vor dem Ditrochäus gewisse Silben oder Silbenkombinationen bevorzugt. Ein Vergleich mit dem ganzen Satze lehrt nun, daß besonders gesucht sind:

    $\_\cup\cup\_\cup\_×$, $\_\cup\_\_\cup\_×$, $\_\_\_\_\cup\_×$, $\cup\cup\cup\_\_\cup×$.

Viel seltener dagegen oder geradezu gemieden sind:
‿‿‿‿‿‿⸗, ‿‿‿‿‿‿⸗, ‿‿‿‿‿‿⸗, ‿‿‿‿‿‿⸗.

Wichtig ist es auch zu wissen, welche Formen von Philon gemieden werden; es sind folgende:

I. ‿‿‿⸗

II. ‿‿‿‿⸗

III. ‿‿‿‿⸗

IV ‿‿‿‿⸗ (eine, soweit ich sehe, rein philonische Eigentümlichkeit; die sonstigen metrischen Schriftsteller bevorzugen alle ‿‿‿⸗, ohne daß sie sich darum kümmern, ob eine kurze oder eine lange Silbe vorangeht; auf verwandte Tendenzen, Vorliebe für ‿‿‿‿‿‿⸗, komme ich unten zu sprechen);

V ‿‿‿‿‿⸗.

Wenn wir von der philonischen Metrik ausgehen, gibt eine Untersuchung der Schlüsse des Hegesias von Magnesia und derjenigen der Antiochosinschrift von Kommagene dasselbe Ergebnis.

Hegesias. Vorliebe für:

I. ‿‿‿⸗, II. ‿‿‿‿‿⸗, III. ‿‿‿‿⸗ usw., IV. ‿‿‿‿‿⸗ usw., V. ‿‿‿⸗, besonders ‿‿‿‿‿⸗ und ‿‿‿‿‿‿⸗.

Fürs einzelne verweise ich auf Hb. 128 ff. und De num. or. 6.

Antiochosinschrift.

Nur solche Schlüsse sind hier in erster Linie in Betracht gezogen, die vor schweren Interpunktionen stehen.

I. ‿‿‿⸗ z. B. 16 εὔχομαι διαμένειν.

II. ‿‿‿‿‿⸗ fehlt vor den schwereren Interpunktionen, findet sich aber z. B.: 4 τὸν τόπον ὀρφανόν und 9 θεῶν ἱερὸν νόμον.

Vielleicht darf man annehmen, daß die Formen I und II in dieser Inschrift weniger gesucht sind; es kommt wenigstens die Form ‿‿‿‿‿⸗ vor schweren Interpunktionen gar nicht vor und auch vor den leichteren nur ganz selten. Vor den 26 schwereren Einschnitten ist sie weniger häufig als in nicht metrischer Prosa und dasselbe gilt für ‿‿‿⸗.

	Thukydides	Antiochosinschrift
‿‿‿‿‿⸗	2,1 %	0,0 %
‿‿‿⸗	5,6 %	3,9 %.

Auffallend ist diese Tatsache besonders deshalb, weil gerade diese Formen in der älteren römischen metrischen Prosa nicht zu den gesuchten gehören. Ob wir daraus schließen dürfen, daß es eine Art metrische Prosa gegeben hat, in der die Formen _ ⌣ ⌣ _ ⌣ × und ⌣ ⌣ ⌣ × kaum eine Rolle spielten, darauf komme ich unten zurück. Daß, wie Norden glaubt, _ ⌣ _ ⌣ ⌣ ⌣ × als Doppelkretiker mit aufgelöster dritter Länge aufzufassen sei (Kunstprosa 141), ist wohl ausgeschlossen: die Form ⌣ ⌣ ⌣ × ist im allgemeinen, ungeachtet dessen, was vorangeht, die typische griechische Klausel. Daß in gewissen metrischen Texten gerne _ ⌣ _ vorangeht, kann nicht zugunsten einer solchen Auffassung angeführt werden, weil es Ausnahme ist und in der älteren metrischen Prosa, besonders bei Platon, wo doch gerade _ ⌣ _ _ ⌣ _ gesucht ist und man es also in erster Linie erwarten würde, nicht der Fall ist. Meistens, wie bei Platon und Plutarch, ist die Form gesucht, ungeachtet dessen was vorangeht; gewisse Autoren, wie Plutarch, meiden _ ⌣ _ _ ⌣ _, wenden dagegen ⌣ ⌣ ⌣ × mit großer Vorliebe an.

III. _ ⌣ _ _ × 7 αἰτίαι κατέστησαν.

⌣ ⌣ ⌣ _ _ × fehlt vor schwereren Interpunktionen. Sonst z. B. 12 διακονείσθωσαν.

_ ⌣ ⌣ ⌣ _ × 11 ἀξίως ἐπιτελείτω; auch vor den leichteren Einschnitten sehr oft.

_ ⌣ _ ⌣ ⌣ × fehlt vor den schwereren Interpunktionen; sonst z. B. 2 κτῆσιν βεβαιοτάτην.

⌣ ⌣ ⌣ _ ⌣ × fehlt vor den schwereren Interpunktionen.

IV. _ ⌣ _ _ ⌣ × und _ _ _ _ ⌣ × 4 εὐσεβείας ἔχει μάρτυρα und 8 ἐνεορτάζειν ὥρισα.

V a. ⌣ ⌣ ⌣ _ _ ⌣ _ × 17 παρὰ θεῶν ἐχθρὰ πάντα.

_ _ _ _ ⌣ × nicht vor den schwereren Interpunktionen.

_ ⌣ _ _ ⌣ _ × 14 ἡμετέρας ἀκίνδυνον ἔστω.

Dazu kommt hier noch _ ⌣ ⌣ ⌣ _ ⌣ × 3 τιμὰς ἐπιφανῶς ἱερὰς.

V b. _ ⌣ _ _ ⌣ _ × 13 ἡρώων χάρις εὐσεβείας.

Daß Norden in seinen metrischen Zerlegungen die Länge der Klausel immer als _ ⌣ _ × bezeichnet, muß als fehlerhaft angemerkt werden; besonders die relative Häufigkeit der Form

$-\smile\smile-\smile-\times$ läßt keinen Zweifel entstehen, daß die Länge der Klausel in diesem Falle sieben Silben umfaßt.

Außer diesen Schlüssen finden sich vor den 26 schweren Interpunktionen nur noch zwei andere. Indem also die »Ausnahmen« in nicht metrischer Prosa, z. B. bei Thukydides, etwa 51,3 % umfassen, beträgt ihre Gesamtzahl hier nur 2 auf 26, also 7,7 %. Es verdient aber die Beschaffenheit dieser zwei Fälle eine nähere Betrachtung.

Der erste Fall ist: 10 πρέποντος ἱερῶν ἀγαλμάτων ($-\smile-\smile-$).

Zur Beurteilung dieser Form ist es notwendig zu wissen:
1. Findet sich die Form auch vor den leichteren Einschnitten?
2. Ist die Form bei anderen griechischen Schriftstellern gesucht?
3. Ist die Form vielleicht bei Cicero, dessen Metrik auf der Grundlage der hellenistischen Metrik aufgebaut ist, gesucht?
1. Vor den leichteren Einschnitten findet sich die Form zweimal, nämlich 6 ἀξίως τύχης ἐμῆς und 13 καθειέρωσα μουσικῶν, d. h. in etwa 2 oder 3 % (Thukydides 3,7 %). 2. Bei keinem anderen griechischen Schriftsteller erscheint sie als gesucht. Nur Platons Staat zeigt eine ziemlich hohe Frequenz, die aber wohl nur der Vorliebe, die sich in diesem Werke für jambotrochäische Metra überhaupt äußert, zuzuschreiben ist. 3. Bei Cicero ist die Form sicher nicht gemieden: ihre Frequenz ist etwas größer als in nicht metrischer Prosa.

Wir müssen uns daher damit begnügen, zu sagen, daß die Form wahrscheinlich zu denjenigen gehört, die nicht oder kaum gesucht sind, aber bis zu einer gewissen Grenze zugelassen werden.

Ein schwierigeres Problem bietet die Form im 6. Vers: ὑπεροχῆς ἀνέθηκεν. Es scheint ein Hexameterschluß vorzuliegen. Diese Form kommt vor schweren Einschnitten in dieser Inschrift nicht vor und wird sonst gemieden; der einzige Fall vor den leichteren Pausen ist wohl: 11 λαμβάνων ἀπὸ κωμῶν. Obgleich es nun an und für sich sehr wohl möglich ist, daß in dieser Inschrift, deren metrische Eigenart sich bei einer immerhin beschränkten Zahl von Schlüssen nicht in allen Punkten genau bestimmen läßt, auch vor schwereren Interpunktionen der Hexameterschluß vorkommen kann, und besonders das Vorkommen dieser Form vor den leichteren darauf

zu deuten scheint, glaube ich doch nicht, daß hier eine
clausula heroica vorliegt; meines Erachtens ist die Stelle
metrisch folgendermaßen aufzufassen:

χώραν τε ἱκανὴν καὶ προσόδους ἐξ αὐτῆς ἀκεινήτους (_◡_ _ _)
εἰς θυσιῶν πολυτέλειαν ἀνένειμα (_◡◡◡_◡)
θεραπείαν τε ἀνέγλειπτον (_◡_ _×) καὶ ἱερεῖς ἐπιλέξας συν
πρεπούσαις ἐσθῆσι Περσικῷ γένει κατέστησα (_◡_ _◡)
κόσμον τε καὶ λιτουργίαν πᾶσαν (_◡_ _◡)
ἀξίως τύχης ἐμῆς καὶ δαιμόνων ὑπεροχῆς (_◡_◡◡◡_)
ἀνέθηκα (.. ◡◡_◡; vorher ein Einschnitt nach dem sehr

gesuchten Schluß _◡_◡◡◡_).

Mit dieser Inschrift läßt sich nun die andere sehr wohl
vergleichen, nämlich der von Fougères (Bull. Corr. Hell. XX, 124)
zuerst herausgegebene und von Wilamowitz (Hermes 35, 1900,
536 ff.) metrisch analysierte Volksbeschluß von Mantineia-Anti-
goneia, dessen Abfassungszeit wohl vor dem Tode des Augustus
anzusetzen ist.

Wilamowitz notiert hier die Schlüsse _◡_ _×, _◡_ _◡×
und _◡_× mit ihren Auflösungen. Man würde daraus schließen:
1. daß sich keine anderen Schlüsse darin finden; 2. daß
besonders also die Schlüsse ◡◡◡× und _◡◡_◡× fehlen, und
3. daß das, was dem Schluß _◡_× vorangeht, gleichgültig ist.
Das trifft aber wohl nicht alles ganz zu:
1. faßt Wilamowitz, Z. 34 und 35, die Schlüsse: ἀμερὴς
ὁμόνοια und εὐποιίας ἐπινοίαις auf als _◡_ ◡◡◡×. Vorausgesetzt,
daß die Ergänzungen richtig sind, könnte sehr wohl _◡◡_×
vorliegen, wie an einigen Stellen in der oben behandelten
Inschrift. Dazu kann man auch verweisen auf Z. 40: γαμήσαντα
καὶ αὐτή, was aber auch als _◡_ _× aufgefaßt werden kann.
2. Ob die Form ◡◡◡× in der Tat fehlt, ist ebensowenig
sicher; so lesen wir 21 ff.: πληρώσας οὖν ποικίλης εὐεργεσίας τὴν
πόλιν ὑπερέ[βαλε] τοὺς τῆς Ἑλλάδος [ὅρ]ους (◡◡◡_) καὶ μέχρι τῶν
σεβαστείων εὐλόγησεν χαρακτήρων (_◡_ _×), wo Wilamowitz nur
den letzten Schluß (_◡_ _×), nicht aber ◡◡◡× als metrisch
bezeichnet. Das geschieht, wie die ganze Entwicklung lehrt,
kaum mit Recht. Außerdem mag ◡◡◡× vorliegen 39: Ἐπιγόνη,
und 42: δαπάνης πολυτελοῦς. Dazu kommt, daß, wenn der Schluß
in 34 und 35 (vgl. oben) wirklich nicht als _◡_ _×, sondern als

68

∪∪∪× aufzufassen ist, auch hier dieselbe Form vorliegt, allerdings mit vorhergehendem Kretiker. Eine Tendenz, dem Päon ∪∪∪× einen Kretiker vorangehen zu lassen, haben wir auch in der vorigen Inschrift beobachtet. Wahrscheinlich haben einige Rhetoren die Form, die sie nur als ∪∪∪× ohne Kretiker aus der älteren Prosa übernehmen konnten, wirklich als Teil eines Doppelkretikers aufgefaßt, ob bewußt oder unbewußt, mag dahingestellt bleiben.

Sicher ist daher nur, daß die Reihe ∪∪∪× beträchtlich zurücktritt. Die Form —∪∪—∪∪ kommt überhaupt nicht vor. Beides scheint darauf zu deuten, daß Cicero, bei dem diese Formen fehlen, sie in der von ihm nachgeahmten Prosa nicht vorgefunden hat; vielleicht hat Molon sie gemieden.

·3. Betrachten wir jetzt, was dem Ditrochäus voranzugehen pflegt. Wir finden ihn an folgenden Stellen:

11 τῆς φύσεως πλατύνας   —∪∪—∪—×
21 τὸν δημόσιον κόσμον προκρείνας   —∪∪————∪—×
25 κἂν ἅπαξ εὐλαβοῦνται   —∪———∪—×
30 ἀνθυπ[ά]των ἀλλ'ἔπαινον   —∪∪———∪—×
38 μὴ μόνον θεοῖς εὐσέβειαν   —∪———∪—×
47 μόνη πόλεως κόσμος εἶναι   —∪∪———∪—×.

Sehr wahrscheinlich ist also, daß der Verfasser gerne —∪—, —∪∪ oder —∪∪— vorangehen läßt; gesucht sind daher besonders —∪∸ —∪—×, —∪∪ —∪—× und —∪∪— —∪—×.

Damit ist unsere Betrachtung der griechischen Metrik als Grundlage der lateinischen vorläufig zu Ende. Die gesuchten Formen sind, im Gegensatz zu der klassischen Zeit, fast überall dieselben und ihre Zahl ist auf einige wenige beschränkt; man kann von einem metrischen Kanon reden. Dieser Kanon hat sich wohl erst allmählich ausgebildet, geht jedenfalls nicht auf einen der klassischen Autoren zurück; aus der klassischen Zeit scheint ihm am meisten die Metrik des Alkidamas nahe zu kommen.

Wir haben also sowohl diesen Kanon als auch seine Vorgeschichte, soweit es uns möglich war, kennen gelernt; damit ist die Grundlage für die historische Betrachtung der lateinischen Prosametrik gegeben.

VI. Die ältere römische Prosa.

Hier muß sogleich eine prinzipielle Frage erörtert werden, deren Beantwortung für den Standpunkt, von dem wir die ganze weitere Entwicklung betrachten werden, bestimmend ist. Norden arbeitet bekanntlich in seiner »Antiken Kunstprosa« mit einem Begriff Asianismus, der nicht ganz einwandfrei ist. Wie schon oft, hat sich hier wieder sein Bestreben, sich möglichst an die uns überlieferte antike Stilkritik anzuschließen, gerächt. Ich gehe hier nicht darauf ein, sondern nur auf den Gebrauch, den er für diese Periode von dem Begriff macht. Dieser Asianismus soll auch schon einige der älteren römischen Geschichtschreiber, wie Cälius Antipater und Sisenna, beeinflußt haben. Die hellenistische Beredsamkeit, unter deren Einfluß die römische Prosametrik der älteren Zeit steht, betrachtet er als eine Fortsetzung der sophistischen, unter anderem auch in der emmetros lexis, d. h. in der Verwendung von Versmetra in der Prosa. So betrachtet er als Beispiel dieser Art Metrik in der Prosa den Hexameter, der sich am Anfange des Geschichtswerkes des Cälius Antipater gefunden haben muß (Antike Kunstprosa I, 177):

has res ad te scriptas Luci misimus Aeli.

»Er (Cälius) wagt also die für die damalige Zeit in Prosa unerhörte Losreißung der beiden Bestandteile des Namens, wodurch er einen (nach Ennius Muster) regulären Hexameter erhält. Wir wissen, daß er damit zwar gegen den Kanon des Isokrates und Aristoteles sündigte, aber der emmetros lexis der Asianer huldigte; charakteristisch ist, daß er Lehrer und Freund des Crassus war (Cicero, Brutus, 101; de or. II, 54), dessen Standpunkt wir soeben kennen lernten.«

Diese Auffassung ist grundfalsch. Die griechische metrische Prosa, die er als asianisch betrachtet (z. B. Hegesias), vermeidet die Versmetrik, besonders den Hexameterschluß, ganz zu schweigen von einem ganzen Hexameter. Daß Hexameterschlüsse bisweilen vorkommen, ändert nichts an der Tatsache, daß sie verhältnismäßig äußerst selten, also gemieden sind. Dafür verweise ich einfach auf die Fragmente des Hegesias, in denen sich kein einziger Hexameterschluß findet, und auf die Antiochosinschrift, in der sich vor den 26 schwereren Einschnitten nur ein zweifelhafter Fall findet. Außerdem spricht die Entstehung jener Art metrischer Prosa, in der besonders die Periodisierung und die Metrik der Schlüsse hervortritt, dagegen. Sie ist im Gegensatze zu der dithyrambischen Prosa entstanden. Von einer sophistischen Metrik kann gar nicht die Rede sein — die dithyrambische Metrik ist auf die epideiktische Prosa beschränkt; die Sophisten haben auch andere Prosa geschrieben, in der die Versmetrik gemieden war, und wo sich die Metrik überhaupt fast ganz auf die Schlüsse beschränkte. Gewissermaßen mag sich die hellenistische Metrik an die ältere epideiktische Prosa an- geschlossen haben (Norden, 138, wichtig aber dagegen I. Bruns, Vorträge und Aufsätze, S. 200), aber die uns erhaltenen Dokumente aus dieser Zeit beweisen, daß die andere Tendenz, die Vermeidung der Versmetrik, damals ganz oder fast ganz gesiegt hatte.

Wir müssen also im Hexameter des Cälius etwas ganz anderes als »Asianismus« sehen. Dafür ist es wichtig im Auge zu behalten, daß er öfter Hexameter oder Teile eines Hexameters einfügte, die er dem Ennius entlehnte, wie *bellum scripturus sum, quod populus romanus* (vgl. oben S. 23 und unten bei Cälius Antipater).

Diese Tatsache beweist zur Genüge, daß wir es hier mit einer der griechischen analogen Entwicklung zu tun haben. Die älteste römische Geschichtschreibung, die volks- tümlich geblieben ist, war die epische, nämlich Ennius' Annalen. An ihn schließt sich die folgende Historiographie an, wie sich die Logographen und Herodot an Homer an- schließen. Diese Beziehung zu der ennianischen Poesie blieb den Römern sehr wohl bewußt, wie es die Enniuszitate am Anfang des Livius und des Tacitus und Ähnliches bei Sallust beweisen (vgl. oben S. 23). Dieses Bewußtsein, woran viel- leicht die Betrachtung der griechischen Entwicklung nicht ganz unbeteiligt war, wirkte bestimmend auf die Art der mächtigen Mimesis, also auf das ganze Genus. Zu diesem Genus gehören nach Ennius jedenfalls Cälius Antipater, Sisenna, Sallust,

Livius, auf sie greift später Tacitus zurück. Dieses ist die
einzige römische Stilgattung, welche die epische Metrik in
Zitaten, Reminiszenzen und eigenen Worten nicht nur nicht
vermeidet, sondern geradezu sucht.

Sie ist aber zugleich die einzige Stilgattung, welche die
hellenistische Prosametrik vermeidet. Gerade hier finden wir
nicht nur eine verhältnismäßig hohe Frequenz der Hexameterschlüsse, sondern auch der Form _ _ _ ⏑, die jenerseits verpönt war, und eine Vermeidung der Formen _ ⏑ _ ⏑ und _ ⏑ _ _ ⏑,
bisweilen von _ ⏑ _ _ ⏑ ⏓.

Diese Tradition der lateinischen Historiographie bricht
aber ab, wo sie mit der hellenistischen Metrik ausgestattet
wird. So hat es schon Asinius Pollio, der ja auch in seinen
Reden numerosior war, gemacht. Nicht nur die Briefe des
letzteren, sondern auch die historischen Fragmente sind stark
metrisch. Die neue Richtung ersetzt die alte vollständig; mit
Livius ist diese zu Ende. Nur Tacitus greift auf sie zurück,
aber darin ist er archaistisch, wie in seinem ennianischen
Anfangshexameter; er macht es so in bewußtem Gegensatz
zu der ganzen Literatur, besonders der Historiographie seiner
Zeit. Deutlich geht das hervor aus zwei Erscheinungen, auf
welche ich unten zu sprechen komme: 1. aus der Vermeidung der Form _ ⏑ ⏑ ⏑ _ ⏓, wie er sie selbst nennt *esse
videatur*, die damals mißbraucht wurde, und 2. aus der
Anwendung der hellenistischen Metrik hauptsächlich in einer
Art Prosa, die ihm selbst antipathisch war und die er eben
als solche bezeichnen will. Ich werde auf diese außerordentlich interessante Erscheinung unten näher eingehen.

Aber auch diese Erscheinung, daß die Historiographie
im Sinne der Rhetorik unmetrisch ist, ist nichts Neues. Sie
gehört einfach zur Tradition der Historiographie, zur Mimesis
in diesem Genus überhaupt. In der klassischen Zeit der
griechischen Literatur sind es gerade die Historiker (z. B.
Thukydides und Xenophon) gewesen, welche, sich darin an
Herodot anschließend, der sich damals entwickelnden Schlußmetrik ablehnend gegenüberstanden. Die Stilgattung der
Historiographie mit den ihr eigentümlichen metrischen Tendenzen läuft also von Homer über die Logographen und

Herodot, über Thukydides und Xenophon. In Rom fängt sie
mit Ennius an und es hat sich die Historiographie der
Republik gerne an Ennius, an Thukydides und seine Zeitgenossen angeschlossen, wie es wenigstens für Sallust und
dann auch für Tacitus nachweisbar ist. Wenn nun Norden
von Sisenna sagt (Antike Kunstprosa, 177): »Daß er ein
Anhänger der Asianer war, zeigt außer seiner Zusammen-
stellung mit Kleitarchos und seiner Übersetzung der
Milesiaca. so bringt er die für das antike Gefühl scharf
getrennte γένη durcheinander, denn daß diese Romane zum
Genus der Historiographie gehört haben, wird wohl keiner
behaupten. Auf den Einfluß des Kleitarchos auf den Stil des
Sisenna komme ich bei ihm zurück.

(Literatur u. a. Wilamowitz in Hermes 35, 1900, 1 ff.:
Norden in Gercke-Nordens Einleitung, I², 448 ff.).

Dieser Gegensatz zwischen der römischen Historiographie
mit ihrer epischen Metrik und ihrer Abneigung gegen die
hellenistische Metrik einerseits, und der Beredsamkeit unter
dem Einfluß derselben hellenistischen Metrik andrerseits ist
der wesentliche Gegensatz, der die Geschichte der älteren
römischen Literatur durchzieht. Dieser Gegensatz ist Norden
völlig entgangen, weil er auf dem Gebiet des antiken Prosarhythmus mehr apodiktisch behauptet als untersucht hat
(darin steht er freilich nicht allein), und in diesem Gegensatz
löst sich für diese Periode der Gegensatz von Asianismus
und Attizismus zum Teil auf. Welches der wesentliche
Gegensatz in der Beredsamkeit gewesen ist, darauf komme
ich unten zu sprechen. Jedenfalls bekenne ich mich mit
Lundström gerne zu den »Barbaren«, die in den Anfangsworten der Annalen einen (ennianischen) Hexameter sehen
wollen. (Norden, Ennius und Vergilius, 1915, 54: »von dem
„Hexameter" zu Beginn der Annalen will ich lieber gar nicht
reden — nur für Barbarenohren ist er ein solcher —, F. Leo
hat darüber das Nötige gesagt, allein einen durch viele Jahr-
hunderte tradierten Irrtum ausrotten zu wollen, ist wohl ein
hoffnungsloses Unternehmen«. (Widerlegt von Lundström,
Eranos, 1915, 8, Anm. 1).

VII. Die lateinische Historiographie.

Die kunstmäßige Historiographie bei den Römern ist also
eine Stilgattung, die sich dem Ennius als ihrem Urheber bewußt anschließt. Selbstverständlich kommen hier nur die
Annalen in Betracht, aber ich kann nicht umhin, die Frage
aufzuwerfen, ob Ennius sich in seiner Prosa etwa der hellenistischen Metrik bedient hat. Es hat nämlich Pasquali (Rivista
di Filologia 37, 1909, 47 ff.) den Nachweis liefern wollen, daß
dies tatsächlich der Fall sei. Bezeichnend für die Beweisführung ist, daß er die Form _ _ _ ⌣ als einen gesuchten Schluß
betrachtet; es versteht sich, daß sich damit beweisen läßt,
daß jede Prosa metrisch ist. In Betracht kommen die Schlüsse:
*uxorem duxit Opem, ipse regnaret, concedat fratri, Saturnus
regnaret, is regnaret, ne quid educaret, regnum rediret, eum
necaverunt, atque Iuno, Iovem clam abscondunt, celantes
Saturnum, clanculum abscondunt, Plutonem et Glaucam,
atque abscondunt, parva emoritur.* Unter 15 Schlüssen finden
sich etwa 6, also 20%, der Form _ _ _ ⌣, was an und für sich
genügt zu beweisen, daß diese Prosa nicht metrisch ist. Dazu
kommen die Bildungen *uxorem duxit Opem* und *parva emoritur*, also _ _ ⌣ ⌣ ⌣, die die Sache erst recht bedenklich machen.
Wenn De Gubernatis in demselben Band (S. 393, Anm. 2)
sagt, daß Pasquali die Schlüsse des Ennius »genialmente«
untersucht hat, so muß das zu dem üblichen Weihrauch gehören.

Nach dieser Digression kehren wir zu der Historiographie
zurück. Die älteren, darunter Cato und Claudius Quadrigarius,
kommen hier nicht in Betracht. *Paullulum se erexit et addidit
historiae maiorem sonum vir optimus, Crassi familiaris,
Antipater; caeteri non exornatores rerum, sed tantummodo
narratores fuerent* (Cicero, De or., II, 54).

Von Cälius Antipater wissen wir, daß er rhythmisch oder
metrisch geschrieben hat, denn Cicero sagt, Or. 229 ff.: *ne
aut verba traiciamus aperte; quo melius cadat aut volvatur
oratio; quod se L. Caelius Antipater in prooemio belli Punici
nisi necessario facturum negat: o virum simplicem, qui nos
nihil celet, sapientem qui serviendum necessitati putet!*

et hic quidem, qui hanc a L. Aelio, ad quem scripsit, cui se
purgat, venia petit, et utitur ea traiectione verborum et nihilo
tamen aptius explet concluditque sententiae.

So gut wie sicher läßt sich nun diese Stelle illustrieren
durch Ad Herennium IV 44, wo die Worte, auf die Cicero
besonders anzuspielen scheint, angeführt werden; nach der
Konjektur von Marx ist wohl zu lesen:

> *has res ad te scriptas Luci misimus Aeli.*

In der Tat würde damit ganz klar sein, was Cicero meint:
die traiectiones sind evident, auch die conclusio sententiae
minus apta im Hexameterschluß. Liegt aber in diesen Worten
nicht vielmehr ein modifiziertes Zitat vor? Jedenfalls scheint
sicher zu sein, daß Cälius in seinem Werk die epische Metrik,
sei es als Zitat oder im Text selber, zugelassen hat. Demnach
kann er nicht die hellenistische Metrik angewandt haben, und
damit ist die Bemerkung Ciceros, der gerade vom Standpunkt
dieser Metrik aus die Schlüsse des Cälius betrachtet, über
diese Schlüsse, an denen nichts Gutes ist, in Übereinstimmung.
Ähnliches wird uns in den Urteilen Senecas und Quintilians
über die Metrik des Asinius Pollio, der nun einmal anders
metrisch schreibt als sie, begegnen. Wenn Norden (S. 177)
sagt: »charakteristisch ist, daß er Lehrer und Freund des
Crassus war, dessen Standpunkt wir soeben kennen lernten«,
so verwechselt er auch hier wieder die γένη: Crassus war ein
Redner, Cälius ein Historiograph.

Es läßt sich nun aber wahrscheinlich machen, daß Cälius
sich in der Verwendung der epischen Metrik dem Ennius an-
geschossen hat. Lundström hat (oben S. 23) überzeugend
nachgewiesen, daß die Übereinstimmung zwischen Livius 21, 1, 1
und Sallust, Jug. 5, 1 auf Ennius zurückgeht, daß aber Livius
den Hexameter oder den modifizierten Hexameter dem Cälius
entnommen hat, der ja überhaupt die Quelle für diesen Ab-
schnitt ist. Ennius hat sein sechstes Buch angefangen mit
den Worten:

> *Quis potis ingentis oras evolvere belli,*

sein zehntes mit

> *Insece Musa manu Romanorum induperator*
> *quod quisque in bello gessit cum rege Philippo,*

dagegen das siebente. wohl folgendermaßen

bellum scripturus sum quod populus Romanus..

Dieselbe Wendung, mit der Ennius die Beschreibung des zweiten Punischen Krieges anfing, hat Cälius am Anfang seines Werkes, Sallust am Anfang des Bellum Jugurthinum angewandt und Livius wiederum beim Kampf mit Hannibal. Der cälianische Hexameter

has res ad te scriptas Luci misimus Aeli

gehört offenbar zur »Widmung«, stand also vor dem eigentlichen Anfang.

Ob aus den spärlichen Fragmenten noch Hexametermetrik herauszulesen ist, scheint mir sehr zweifelhaft; ich mache nur aufmerksam auf 7 *geri poteratur,* 32 *interficiuntur,* 41 *navibus atque scaphis egrediuntur, castra metati signa statuunt,* 44 *deiecit dominum.* Es mutet jedenfalls 61 *perpetuum salientem* einigermaßen derart an.

Man wird aber erwarten, und wird darin nicht getäuscht, daß die in das Werk hineingelegten Reden mehr rhetorisch gefärbt sind:

si vis mihi equitatum dare et ipse cum cetero exercitu me sequi ($\_\cup\_\_\cup\_\_\cup\_\_\cup\_$)

diequinti Romae in Capitolium curabo tibi cena sit cocta ($\_\cup\_\_\cup\_\_\cup$).

Festeren Boden betreten wir schon, wenn wir an *Sisenna* herantreten. Er schrieb in einer »teils altertümlichen, teils wunderlich theoretisierenden Sprache« (Teuffel, I⁶, 294) und war also »ein bis zur Karikatur übertriebener Analogist« (daselbst). Er wollte sicher nicht ein allzu kühner Sprachschöpfer sein. Was seine Nachahmung des Kleitarchos betrifft, sagt die Überlieferung nicht, daß dieser irgendwelchen Einfluß auf den Stil seiner historischen Werke gehabt hat; was wir von seinem Stil aus Cicero und aus seinen Fragmenten hören, zeigt uns nur, daß er oft verba inusitata, d. h. altertümliche Worte und fremde Analogiebildungen, nur in diesem Sinn verba nova, gebrauchte. Zwar nennt Probus ihn einen novator verborum, aber er bezeugt, daß er ein emendator sermonis usitati sein wollte. Wenn er wirklich neue Worte gebrauchte, war das nicht, weil er moderne Ausdrücke suchte, sondern gerade aus der gegenteiligen Tendenz, daß er in Übereinstimmung mit antikem Sprachgebrauch und antiker Wortbildung schreiben wollte. Er war nichts mehr oder weniger als ein Anhänger der Analogie, und der Unterschied gegenüber Cäsar ist ein gradueller, kein wesentlicher, wie es nach Norden 188 scheinen möchte und wohl auch dem Cäsar geschienen hat. An der Sprache ändern wollten sie keiner von beiden; beide waren Analogetiker, beide glaubten sie, mutatis mutandis, wie die maiores zu schreiben (vgl. Reitzenstein, Ter. Varro 62).

Für den Anklang an die epische Metrik führe ich folgendes an: 6 *nec bene naviter is.* 8 *atque ingens erat arbor circum proiectis ramis* (hier teilweise Übereinstimmung mit Sallust). 14 *bellum remoratum.* 20 *tempora singula constituit* 25 *occulte tacitique.* 45 *tum subito tacuit.* 73 *suorum vulnere cunctos* 70 *denique cum variis* 80 *ac muliebre secus populi* 104 *subito mare persubhorrescere caecosque fluctus in se pervolvere leniter occepit.* Man hört hier heraus etwa

horrescit subito mare
caecosque in se pervolvere fluctus
leniter occepit

Sogar aus den Milesiaca wird Ähnliches erwähnt: 7 *nocte vagatrix.* Untersuchen wir jetzt den Nachfolger des Sisenna nach dieser Seite hin.

Sallustius. Um die Metrik Sallusts zu verstehen, denn nur darauf kommt es uns hier an, müssen mehrere Faktoren. die diese bestimmt haben, in Betracht gezogen werden. Wie Sisenna, war auch er ein Analogetiker, hat sich also theoretisch die Grenzen ziehen wollen, innerhalb derer er sich frei bewegen durfte. Indem aber rein theoretische Spekulationen seine Sprachschöpfung zu hemmen drohten, hat er sich anderseits diese Grenzen so weit gezogen, daß von Hemmung nicht mehr die Rede sein kann, weil eben diese Theorie, welche die Sprache maßregeln wollte, ihr unerhörte und nicht in der lebendigen Sprachentwicklung begründete Entwicklungsmöglichkeiten eröffnete. So hat der bewußte Konservatismus und Archaismus in der Theorie zu einem gesetzmäßigen Radikalismus in der Praxis führen können.

Nur seine rätselhafte stilistische Virtuosität hat es erreichen können, diese heterogenen Elemente der wirklich archaischen und der falsch archaisierenden Sprache zu einem homogenen Ganzen zu verschmelzen. Vom Standpunkte der innerlichen Sprachevolution hat er Mißbildungen sowohl in Wort- als auch in Satzformen gemacht, und vom ästhetischen Standpunkt etwas in seiner Art Vollendetes geschaffen. Wie Sisenna wollte er nicht modern, sondern *recte* schreiben: so sind auch ihre *verba inusitata* zu verstehen, wie denn auch Cicero von Sisenna sagt (Brutus 260): *recte loqui putabat esse inusitate loqui.*

Die hellenistische Beredsamkeit ist uns, wie Norden treffend bemerkt (Einleitung von Gercke und Norden, I², 351), »so genau bekannt, daß jeder Versuch, Sallust an irgend einen ihrer Typen anzuknüpfen, als verfehlt erscheinen muß«. Um so interessanter ist es zu sehen, daß sich Sallust, dem ja die Mimesis zum Bedürfnis sein mußte, sich selber an Ennius und die ältere lateinische Historiographie anknüpfen will. Daher der Hexameter des Ennius Jug. 5, 1, 1 zu Anfang der Beschreibung des Krieges, wie bei Ennius selbst: *bellum scripturus sum quod populus romanus*, daher auch die Vorliebe für die Schlüsse $\_\cup\cup\_\cong$ und $\_\_\_\cong$, wie gleich im Anfang des bellum Jugurthinum: *virtute regatur, tempus deesse, aucta senescunt*, und in der Catilinaria: *oboedientia finxit, cum beluis commune est, aeternaque habetur* usw.; und die Abneigung gegen diejenigen der zeitgenössischen Beredsamkeit $\_\cup\_\_\cong$, $\_\cup\cup\cup\_\cong$ und $\_\cup\_\cong$. Nur den schweren Doppelkretiker gebraucht er gerne, offenbar weil er mit der Würde des Ausdrucks im Einklang war: *nostra considero, persequare ubi facta sunt.* Aber auch seine Vorliebe für daktylische Metrik den ganzen Satz hindurch ist durch die Untersuchungen Novotnýs außer Frage gestellt; die »Sallustverse« sind nur zum kleinsten Teil als wirkliche Reminiszenzen, zum größten als Prosametrik zu betrachten.

Es versteht sich aber, daß die Anlehnung an Ennius in der Hauptsache nur eine theoretische und übrigens nur für seinen Archaismus und für die Auffassung, die er selber von dem Genus seiner Schiftstellerei hatte, bezeichnend ist. Für seine Metrik kommt neben der Sprachtheorie und der Tradition des Genus noch ein dritter Faktor in Betracht, nämlich sein Verhältnis zu der zeitgenössischen Literatur.

Sallust war nicht nur ein politischer, sondern auch ein literarischer Gegner Ciceros. Die Abneigung gegen die von diesem vertretene Richtung kommt nicht eigentlich in der grundsätzlich verschiedenen Metrik zum Ausdruck — diese gehörte zum Genus — sondern darin, daß er, im Gegensatz z. B. zu Cälius Antipater, zu Cäsar (der übrigens in einem anderen Genus schrieb) und sogar zu Tacitus, die in sein Werk eingelegten Reden nach seiner Metrik bildet. Viele der bezüglichen Redner, wie z. B. Cäsar, haben zweifellos metrisch geredet. Durchaus bedeutsam ist diese Tatsache für die Technik der Reden in der Historiographie überhaupt, und deshalb lege ich hier das Material, ohne daraus weitere Schlüsse zu ziehen, vor. Man wird mir die Digression wohl nicht übelnehmen.

Cälius Antipater, Sallust und Livius schreiben nach daktylischer Metrik: nur der erste hat die eingelegten Reden nach der hellenistrischen Metrik umgeändert, die beiden anderen gestalten die Reden nach ihrer Metrik um.

Cäsar wendet in seinen commentarii, die aber zur Selbstapologetik gehören, sich also nicht direkt vergleichen lassen, überhaupt die hellenistische Metrik an, aber äußerst mäßig. Dagegen sind einige Reden, darunter diejenige des Critognatus, stark metrisch in Übereinstimmung mit seiner sonstigen Metrik (z. B. tritt sowohl in dieser Rede wie sonst bei ihm die Form _◡__◡× zurück).

Tacitus verwendet keine Metrik, nur vermeidet er die Form *esse videatur*. Dagegen sind die Reden oft mehr oder weniger metrisch, wie der Dialogus, am meisten aber solche, welche ihm antipathisch sind.

Sonst haben alle metrischen Historiker, soweit wir wissen, die Reden nach ihrer eigenen Metrik gebildet, wie es in der Ántike, wo auf die Einheitlichkeit des Stils so großer Wert gelegt wird, eben weil der Stil nun einmal etwas durchaus Kunstmäßiges war, auch kaum anders denkbar wäre.

Davon weichen also nur Cälius und Tacitus ab, der erste, weil ihm die Einheitlichkeit des Stils noch kein Gesetz war, der andere, weil sein einzigartiger erhabener Stil oft nicht dazu geeignet war, Feldherren, Soldaten und solchen Leuten in den Mund gelegt zu werden. Wie hätte er den perfiden Vibulenus so reden lassen können? (Ann., I, 22.) Die Tradition wird selbstverständlich von den Akzentrhythmikern, an denen sie sich besonders deutlich zeigen läßt, ohne weiteres fortgesetzt.

Die Reden Sallusts sind also als Musterstücke auch für seine Metrik zu betrachten. Ihnen geht das rhetorische Kolorit im Sinne der äußerlichen Kunstmittel der damaligen Rhetorik ab, und dasselbe gilt für die Höhepunkte der Darstellung überhaupt. Kein Wunder, daß gerade Tacitus ihn mit dakty· lischen Worten *rerum Romanarum florentissimus auctor* nennt (Ann., II, 30).

Als Beispiel führe ich hier einiges aus der Rede Cäsars (Cat. 51 ff.) an.

.sed eodem illo tempore Graeciae morem imitati (‿‿‿_×) verberibus animadvortebant in civis (___×), de condemnatis summum supplicium sumebant (___×). Postquam res publica adolevit et multitudine civium factiones valuere (‿‿‿_×), circumveniri innocentes alia huiusce modi fieri coepere (___×), tum lex Porcia aliaeque leges paratae sunt, quibus legibus exsilium damnatis permissum est (___×). Hanc ego causam, patres conscripti, quo minus novum consilium capiamus (‿‿‿_×), in primis magnam puto (___ _‿×). Profecto virtus atque sapientia maior illis fuit (_‿__‿×), qui ex parvis opibus tantum imperium fecere (___×), quam in nobis, qui ea bene parta vix retinemus (_‿‿_×).

Weiter auf die historische und literarische Persönlichkeit Sallusts einzugehen, als die Betrachtung der Metrik erheischt, würde über den Rahmen dieser Darstellung hinausgehen. Auch auf die strittigen Sallustiana (wertvolles gibt darüber Novotný) kann ich hier nicht eingehen.

Livius. Ich übergehe hier die commentarii Cäsars, die ja auch nicht hierher gehören. Die Metrik des Livius erklärt sich jetzt von selbst. Sie ergab sich ihm in erster Linie aus der

Tradition der römischen Historiographie. Sie wurde gefördert
durch seine Tendenz, poetisch zu schreiben, und seine Abneigung gegen die kleinlichen Kunstmittel der zeitgenössischen
Rhetorik. Man kann deutlich beweisen, daß sich bei ihm die
Formen ‿‿‿⌣, ‿‿⌣⌣⌣ und ‿⌣⌣‿⌣ vom Ende des Satzes
abheben und zugleich viel häufiger sind als in nicht metrischer
Prosa, geschweige denn in den Reden Ciceros und in
denen der anderen. Dagegen gilt gerade das Umgekehrte für
die hier so beliebten Formen ‿⌣‿⌣ und ‿⌣‿‿⌣. Daß er trotz
seiner Anlehnung an Cicero dessen Metrik nicht mit über-
nommen hat, und trotz seiner Abneigung gegen Sallust in
der Metrik mit diesem letzteren übereinstimmt, beweist deutlich die Zugehörigkeit dieser Metrik zum Genus. Wir haben
schon gesehen, daß er das ganze Werk mit einem Ennius-
zitat anfängt: *Facturusne operae pretium* und ebenfalls die
Beschreibung des hannibalischen Krieges: *.bellum...scrip-
turum quod. .cum populo Romano gessere .varia*
Zahllos sind die ennianischen Reminiszenzen. Es war nicht
die Scheu vor der Hexametermetrik und besonders nicht vor
den Hexameterschlüssen, die ihn oft die Worte umstellen
ließ. Nicht nur die Häufigkeit dieser Schlüsse am Ende des
Satzes, sondern auch die Stellen, wo nichts an der Metrik
geändert worden ist, beweisen das, wie z. B. 9, 41, 18: *scutis
quam gladiis geritur res* (vgl. Sall. Cat. 60, 2: *gladiis res
geritur* und Ennius, Ann. 276: *vi geritur res*, vgl. Stacey,
Αλλ., X, 23). Dasselbe zeigen auch die Anfangsworte *facturusne
operae pretium*, die doch sehr wunderlich wären, wenn er
die Hexametermetrik grundsätzlich vermeiden wollte. Anders
urteilen darüber Stacey a. a. O. und Norden, Kunstprosa, 235,
Anm. 2; letzterer verweist sogar auf die Vorschrift des
Aristoteles über die Vermeidung der Versmetrik, was mir
nicht ganz klar ist.

Tacitus. Um die Metrik des Tacitus zu verstehen, müssen
wir vor allem im Auge behalten, daß sich die Zeiten geändert
haben. Noch zur Zeit Ciceros hatten sich Geschichtschreibung
und verwandte Genera (apologetische Memoiren) der rhetorischen Metrik gegenüber ablehnend verhalten: Sisenna,
Sallust, Cäsar und Livius stimmen darin überein. Sogar in

der Beredsamkeit konnte es damals fraglich erscheinen, ob
die hellenistische Rhetorik in diesem Punkte siegen würde;
gegen ihre geschmacklosen Übertreibungen begann jetzt in
Rom ein einflußreicher Kreis von *docti et eruditi* Front zu
machen. Die Opposition war so groß, daß Cicero sich am
Abend seines Lebens dadurch bedroht fühlte und dazu gereizt
und genötigt wurde, literarische Pamphlete gegen sie zu
schleudern. Der Hauptvorwurf gegen den hellenistischen Einfluß betraf die Metrik.

Es hatte sich also damals die Historiographie, die noch
grundsätzlich mehr oder weniger archaisch war, davon ferne
gehalten, und es war die Beredsamkeit, die sich zuerst dieser
verführerischer Klangmittel, die in erster Linie die Ohren
bezaubern sollten, bediente. Der Einzug der rhetorischen
Metrik in die Geschichtschreibung war ein Sieg der Beredsamkeit über diese: nicht im Anschluß an griechische Vorbilder, sondern an die damalige römische Rhetorik hat sie
die römische Historiographie angewandt. Bezeichnend dafür
ist, daß der erste Historiker, dem wir metrische Sprache nachweisen können, zugleich Redner war und von Tacitus im
Dialogus als *numerosior* bezeichnet wird — *numerosior
Asinius*. Wer also zur Zeit des Tacitus in einem mit Sorg-
falt ausgearbeiteten Geschichtswerk unmetrisch schreiben
wollte, archaisierte. Um den Gegensatz deutlich vor Augen
zu führen, werde ich zuerst eine Stelle des Asinius Pollio,
dann Stellen aus Curtius, schließlich aus Tacitus anführen.

Asinius Pollio (Seneca Suas., 6, 24):

Huius ergo viri (_∪__∪_) *tot tantisque operibus mansuris
in omne aevum* (_∪__×) *praedicare de ingenio atque industria superva* ⟨*cuum est*⟩ (_∪__∪∪×). *Natura autem atque fortuna* (_∪__×) *pariter obsecuta est ei* (_∪__∪×), ⟨*si*⟩ *quidem
facies decora ad senectutem* (_∪__×) *prosperaque permansit
valetudo* (_∪__×), *tum pax diutina* (_∪__×) *cuius instructus
erat artibus contigit* (_∪___∪×); *namque ad priscam severitatem*
(_∪_×) *iudiciis exactis maxima noxiorum multitudo provenit*
(_∪__×), *quos obstrictos patrocinio incolumes plerosque
habebat* (_∪_×). *Iam felicissima consulatus ei sors pe-
tendi et gerendi* (_∪___∪_×) *magna munera deum consilio*

industriaque (_◡__×): *utinam moderatius secundas res*
(_◡__×) *et fortius adversas ferre potuisset* (_◡◡◡_×); *namque
utraeque cum evenerant ei* (_◡__◡_◡×); *mutari eas non posse
rebatur* (_◡__×); *inde sunt invidiae tempestates coortae gra-
vissimae* (_◡_◡×), *eo certiorque inimicis adgrediendi fiducia*
(_◡_◡◡×); *maiore enim simultates adpetebat animo quam ge-
rebat* (_◡_×). *Sed quando mortalium nulli virtus perfecta
contigit* (_◡_◡×), *qua maior pars vitae atque ingenii stetit*
(_◡_◡×) *ea iudicandum de homine est* (◡◡◡×). *Atque ego ne
miserandi quidem exitus* (_◡_◡×) *eum fuisse iudicarem* (_◡_×),
nisi ipse tam miseram mortem putasset (_◡_×).

Ich mache zuerst darauf aufmerksam, dass die Formen
___× und _◡◡_× nicht vorkommen und nur einige wenige
vorherrschen. Die Form _◡__◡×, der Doppelkretiker, tritt, im
Gegensatz zu Cicero, Seneca filius und Quintilian, hier wie
in den Briefen des Asinius an Cicero zurück. Dann ist besonders interessant die Anfangsmetrik der wiederholten Kretiker, die seit Demosthenes beliebt ist (vgl. Dionys. Halicarn.
De comp. verb., 25., Marx ad Herenn., 99):

τοῖς θεοῖς εὔχομαι πᾶσι καὶ πάσαις, Anfang der Kranzrede,
für die Metrik angeführt von Dionysios a. a. O.

si quirites minas illius (C. Fannius bei Cicero de or. 47,
183: *a cretico exorsus est Fannius: si quirites* usw.).

si sine uxore possemus (Metellus Numidicus, vgl. unten):

cogitanti mihi saepe numero (Cicero de oratore);

cogitanti mihi et cum animo meo (Minucius Felix);

(Asinius wird von Norden angeführt als der typische Vertreter des nicht rhythmischen, also nicht »asianischen« Stils,
der sogar die Worte umstellt, um den Rhythmus zu zer-
stören.)

Die von Asinius gesuchten Schlüsse sind offenbar besonders _◡__×, _◡_× mit oder ohne vorhergehendem Kretiker, _◡◡◡_×, _◡__◡× und _◡_◡×; wie ich aber schon
sagte, scheint die Form _◡__◡× einigermaßen zurückzu-
treten.

Curtius (III, Anfang):

inter haec Alexander (_◡__×) *ad conducendum ex
Peloponneso militem Cleandro cum pecunia misso* (_◡__×)

Lyciae Pamphyliaeque rebus compositis ad urbem Celaenas exercitum admovit (‿∪——×); *media illa tempestate moenia interfluebat Marsyas, amnis fabulosis Graecorum carminibus inclitus* (‿∪∪∪‿∪×). *Fons eius ex summo montis cacumine excurrens* (‿∪——×) *in subiectam petram magno strepitu aquarum cadit* (‿∪——∪×), *inde diffusus circumjectos rigat campos* (‿∪——×), *liquidus et suas dum taxat undas trahens* (‿∪——∪×) usw.

Tacitus, Annalen, (Anfang I, 53):

igitur amotus Cercinam Africi maris insulam (‿∪∪‿∪×), *quattuordecim annis exilium toleravit* (‿∪∪‿∪∪‿×), *tunc milites ad caedem missi invenere in prominenti litoris* (∪‿∪‿∪×), *nihil laetum opperientem* (‿∪∪‿×), *quorum adventu breve tempus petivit, ut suprema mandata uxori Alliariae per litteras daret* (‿∪‿∪×), *cervicemque percussoribus obtulit* (‿∪∪‿∪×), *constantia mortis haud indignus Sempronio nomine* (‿∪——∪×), *vita degeneraverat* (‿∪∪‿∪×). Offenbar fehlt hier jede Metrik.

Wir haben also gesehen, dass die alte Kunst der Historiographie, die sich mit ihren daktylischen Metra noch zur Zeit Ciceros der Rhetorik gegenüber zu behaupten wußte, für Tacitus und seine Zeitgenossen nicht mehr lebendig war. Dafür ist jetzt die rhetorische Darstellung mit der hellenistischen Metrik eingetreten. Von dieser Tatsache ausgehend, ist es möglich, die Beziehungen des Tacitus zu der älteren Geschichtsschreibung und zu der zeitgenössischen Prosakunst zu bestimmen.

Auf die alte Historiographie greift er oft zurück. Er fühlt sich annalium scriptor, wie Ennius, und fängt seine Annalen mit dem Ennius-Zitat an:

urbem Romam a principio reges habuere,

an das sich bezeichnenderweise wieder ein Anklang bei Sallust zurückfindet (Norden, Kunstprosa, 328, Anm. 2, der bekanntlich die Worte des Tacitus nicht als Hexameter anerkennen will; nach Wölfflin): *urbem Romam, sicut ego accepi, condidere atque habuere initio Troiani.* Auch in der inschriftlich erhaltenen Rede des Claudius liegt Nachahmung des Ennius vor: *quondam reges hanc tenuere urbem*, wofür ich auf Ennius, Ann., 22*, verweise

quam prisci casci populi tenuere latini.

Auch kann es kein Zufall sein, daß so oft, wo Übereinstimmung zwischen Tacitus und Sallust vorliegt, zugleich poetische Sprache und Nachklang epischer Metrik gefunden wird: daß das fast immer auf Ennius zurückgeht, scheint mir außer Frage zu stehen. Ich verweise hier besonders auf die bekannte Übereinstimmung

Sallust, Jugurtha, 101, 11:

tum spectaculum horribile in campis ($-\smile\smile---$) *patentibus*

Vergilius, Aeneis, II, 367:

quondam etiam victis redit in praecordia virtus
victoresque cadunt Danai

Tacitus, Agricola, 37:

tum vero patentibus locis   et aliquando etiam victis
ira virtusque.

Über seine Nachahmung des Sallust brauche ich wohl nichts mehr zu sagen.

Es läßt sich also nachweisen, daß Tacitus, obgleich er in seinen Geschichtswerken die clausula heroica wohl einigermaßen vermeidet, sich doch gerne und bewußt an Ennius und die alten Historiker anschließt, auch in poetischen Zitaten und Reminiszenzen, um hier von der direkten Nachahmung des Sallust und Thukydides abzusehen.

Jetzt kommen wir also auf sein Verhältnis zu der zeitgenössischen Prosa und ihren Kunstmitteln zu sprechen.

Zwei Tendenzen in der Sprachschöpfung, die positive und die negative, lassen sich in jeder einzelnen Periode der lateinischen Hochsprache deutlich nachweisen: besonders deutlich sind sie aber in den beiden letzten Jahrhunderten der Republik, als die Hochsprache geschaffen wurde: der Kampf zwischen der Anomalie und der Analogie ist eine Folge der Versuche, die Grenzen der beiden Tendenzen in der Praxis zu bestimmen.

Man hat das Ergebnis der negativen Tendenz, wie es uns in der klassischen Sprache begegnet, Sprachverarmung genannt. Dieser Ausdruck ist wohl nicht ganz einwandfrei. Er scheint nur darauf hinzuweisen, daß die Zahl der äußerlichen Ausdrucksmittel eingeschränkt ist, nicht aber darauf, daß erstens das Absterben von Überflüssigem keine Verarmung ist, und daß anderseits da, wo Wörter, Wortformen und Wortverbindungen aussterben, die erhaltenen neue Farben oder wenigstens neue Schattierungen bekommen. Soweit wir es bei dem Verschwinden von Sprachelementen nicht mit der rein theoretischen Arbeit der Grammatiker zu tun haben, tritt vom psychologischen Standpunkt für diejenigen, die selbst vermeiden, nur ausnahmsweise Verarmung ein: nur kann für das folgende Geschlecht die Sprachentwicklung gehemmt, manchmal die Sprache sogar jeder weiteren Entwicklung unfähig gemacht werden.

Dasselbe gilt nun auch für Tacitus in der Wahl der Wörter, in der Syntax, im Stil, in der Metrik. Überall wird vieles ausgemerzt, dafür tritt aber einerseits Neues ein und anderseits erhält dasjenige, was erhalten bleibt, neue Kraft und neues Leben; außerdem ist besonders im Stil und in der Metrik das sonst Gemiedene, wenn es ausnahmsweise angewandt wird, doppelt wirkungsvoll.

Ich kann mich hier kurz fassen. Über die Vermeidung vieler Wörter und Ausdrücke, für die andere eingetreten sind, wie z. B. *claritas* durch *claritudo* ersetzt wird, *medicamentum* durch *medicamen*, *fragmentum* durch *fragmen*, *tegimentum* durch *tegimen*, hat Wölfflin in seinen berühmten Jahresberichten im Philologus (XXV bis XXVII) fast erschöpfend und abschließend gehandelt. Ich möchte nur an einem Beispiel zeigen, wie er bisweilen gewisse in der damaligen rhetorischen Prosa beliebte, von ihm aber sonst durchaus gemiedene Ausdrücke, absichtlich in stark rhetorisch gefärbten Abschnitten anwendet.

Zu solchen rhetorischen Ausdrücken muß auch *invidere* mit dem bloßen Ablativ gezählt werden. Dieser Ausdruck gehörte ein Jahrhundert früher offenbar zu der mehr oder weniger poetisch gefärbten Sprache. Man begegnet ihm nicht bei Cicero, sondern bei Livius und Lucanus; ich führe nach

Andresen zu Tacitus, Annalen I, 22 an. (Livius, II, 40, 11)
non inviderunt laude sua mulieribus viri Romani; (Luc., VII
798) *invidet igne rogi miseris.* Zur Zeit des Tacitus wird er
dagegen in der Prosa recht gebräuchlich, wie einige Stellen
bei Plinius zeigen: (I, 10, 12) *neque enim ego invideo aliis
bono, quo ipse careo;* (II, 10, 2) *quousque et tibi et nobis in-
videbis, tibi maxima laude, nobis voluptate?* (20, 8) *quid invi-
detis bona morte?* (III 8, 2) *huic pietatis titulis invidere.* Offenbar ist der Ausdruck stark rhetorisch gefärbt. Tacitus kennt ihn
nun nicht, oder besser gesagt, will ihn nicht kennen, gebraucht
ihn aber doch in der absichtlich stark rhetorisch gefärbten
Rede des Vibulenus (Ann., I, 22), die man fast dem Plinius
zutrauen möchte: *ne hostes quidem sepultura invident.* Man
vergleiche besonders Quintilianus, II, 3, 1 *paene iam quidquid
loquimur, figura est, ut hac re invidere, non, ut omnes veteres
et Cicero praecipue, huic rei.* Ich ·komme unten auf diese
Rede zurück.

Ganz dasselbe gilt nun auch für die Metrik. Am auf-
fallendsten ist es, daß er im allgemeinen d i e g e w ö h n l i c h e
M e t r i k a b l e h n t, sowie auch die daktylische der älteren
Historiographie. Er vermeidet in den Geschichtswerken die
Form $\_\cup\smile\cup\_\times$ (*esse videatur*), diejenige also, welche besonders
Cicero und die Ciceronianer mit Vorliebe anwenden, sowie
die sonst beliebten Formen $\_\cup\_\_\times$ und $\_\cup\_\times$. Dabei vermeidet er auch den von Sallust und Livius gesuchten Hexameterschluß: *esse videntur.* Das letztere sowie die häufige
Anwendung des Doppelkretikers ist wohl als Einfluß der
damaligen Rhetorik aufzufassen, von der er ja in mancher
Hinsicht beeinflußt wurde; übrigens ist es wieder merkwürdig,
daß er sowohl die Vorliebe für diese Form als auch die Vermeidung von *esse deberent* und *esse debent* ($\_\cup\_\_\times$ und
$\_\cup\_\times$) mit Sallust und Livius gemein hat. Ich spreche hier
immer nur von den Historien und den Annalen.

Diese in der Hauptsache negativen Tendenzen sind nun
aber erst vom höheren Satzrhythmus aus verständlich. Tacitus
baut keine Perioden im gewöhnlichen Sinne, und weil die
Satzmetrik eigentlich nur Bedeutung hat für Unterstützung
des höheren Satzrhythmus im Sinne der Periodisierung oder

für Ähnliches, ist sie bei seinem Satzbau, der jede Konzinnität und Responsion im gewöhnlichen Sinne möglichst vermeiden will, nicht mehr an ihrem Platz.

Indem also Tacitus' Stil auf Periodisierung, auf Konzinnität, auf Satzmetrik fast ganz verzichtet, wird das alles durch neues ersetzt, worauf ich hier in Einzelheiten nicht eingehen kann. Besonders wichtig scheint mir hier zu sein, daß er durch chiastische Wortstellung und Symmetrie im allgemeinen eine andere Art von höherem Satzrhythmus anstrebt, für den die Metrik nicht mehr die Bedeutung hat, wie für die Perioden.

Es wird nun aber die Anwendung der zeitgenössischen (ich meine also nicht seiner persönlichen) Metrik um so wirksamer, wo er sie ausnahmsweise zuläßt. Das tut er nun aber (ich spreche hier immer nur von den Historien und den Annalen) entweder mäßig, wo sich nämlich die betreffenden Stellen nach seinem Stilgefühl nicht ganz in seinen eigenen Stil einfügen lassen, oder ohne jede Einschränkung, um sie als falsche Rhetorik, als »Deklamationen« zu bezeichnen.

Mäßig wendet Tacitus die moderne Metrik in den Reden an, so in der Rede des Antonius, Hist., III, 20: *et cum abnuerent, »gladiisne« inquit (Antonius) »et pilis perfringere et subruere ullae manus possunt* ($-\smile--\times$)? *si aggerem struere* ($-\smile-\smile\smile\times$), *si pluteis cratibusve* ($-\smile--\smile-\times$) *protegi necesse fuerit* ($\smile\smile\smile\times$), *ut vulgus improvidum* ($-\smile--\smile\times$) *irriti stabimus* ($-\smile--\smile\times$), *altitudinem turrium* ($-\smile--\smile\times$) *et aliena munimenta mirantes* ($-\smile--\times$)? *quin potius mora noctis unius* ($-\smile--\times$), *advectis tormentis machinisque* ($-\smile-\times$), *vim victoriamque* ($-\smile-\times$) *nobiscum ferimus?*

Auch in einer anderen Rede des Antonius, III, 2 und 3: *»duae tunc Pannonicae ac Moesicae alae perrupere hostem: nunc sedecim alarum coniuncta signa pulsu sonituque et nube ipsa operient ac superfundent oblitos proeliorum equites equosque* ($-\smile-\times$). *nisi quis retinet, idem suasor actorque consilii ero* ($-\smile-\smile\smile\times$): *vos, quibus fortuna in integro est, legiones continete* ($-\smile-\times$): *mihi expeditae cohortes sufficient, iam reseratam Italiam, impulsas Vitelli res audietis* ($-\smile-\times$), *iuvabit sequi et vestigiis vincentis insistere* ($-\smile--\smile\times$).

Haec atque talia flagrans oculis, truci voce (‒◡‒‒◡), *quo latius audiretur (etenim se centuriones et quidam militum consilio miscuerant), ita effudit, ut cautos quoque et providos permoveret* (‒◡‒◡), *vulgus et ceteri unum virum ducemque* (‒◡‒◡), *spreta aliorum segnitia,. laudibus ferrent* (‒◡‒‒◡), *hanc sui famam ea statim contione commoverat* (‒◡‒‒◡◡), *qua recitatis Vespasiani epistulis non ut plerique incerta desseruit* (‒◡‒◡◡◡), *huc illuc tracturus interpretatione, prout conduxisset: aperte descendisse in causam videbatur* (‒◡‒‒◡), *eoque gravior militibus erat culpae vel gloriae socius* (‒◡‒◡◡◡◡).

Ich erwähne nur noch, obwohl sich viel mehr derartiges finden läßt, Hist. III, 54 und 64.

Bezeichnend ist nun aber, daß er diese Metrik ohne Einschränkung anwendet in den Worten desselben Schurken Vibulenus, die für sich selbst sprechen (Ann., I, 22):

vos quidem, inquit, his innocentibus et miserrimis lucem et spiritum reddidistis (‒◡‒‒◡◡‒◡), *sed*

> *quis fratri meo vitam* ‒◡‒‒◡
> *quis fratrem mihi reddit* ‒◡‒‒◡?

quem missum ad vos a Germanico exercitu (‒◡‒‒◡◡◡) *de communibus commodis* (‒◡‒‒◡◡◡) *nocte proxima jugulavit per gladiatores suos, quos in exitium militum habet atque armat* (◡◡◡‒‒◡), *responde, Blaese, ubi cadaver abjeceris* (‒◡‒‒◡◡◡); *ne hostes quidem implevero* (‒◡‒‒◡◡◡), *me quoque trucidari jube, dum interfectos nullum ob scelus* (‒‒‒◡◡◡), *sed quia utilitati legionum consulebamus* (‒◡‒‒◡), *hi sepeliant* (◡◡◡◡).

Eine Untersuchung aller Reden nach dieser Seite hin wäre sehr wünschenswert, dabei soll besonders die oratio recta von der indirecta getrennt werden.

Es versteht sich, daß in Übereinstimmung mit dem Vorhergehenden auch zur Charakterisierung Senecas dessen Worte in metrischer Form gegeben werden, ohne daß deshalb anzunehmen ist, daß er vor seinem Tode wirklich so gesprochen hat, wie Norden meint (Kunstprosa, 332, Anm. 2): Ann., XV, 63: *vitae delenimenta monstraveram tibi, tu mortis decus mavis* (‒◡‒‒◡), *non invidebo exemplo* (‒◡‒‒◡) *.claritudinis in tuo fine* (‒◡‒‒◡).

Indem ich hier die Betrachtung der Historien und der Annalen abschließe, scheint es mir angemessen, in diesem Zusammenhange auch kurz den Dialogus zu behandeln.

Der Dialogus gehört zu dem Genus der literarischen Pamphlete Ciceros in Dialogform. Er ist wie diese, metrisch geschrieben, aber nicht auf die Art Ciceros, sondern nach der Weise der Rhetorik seiner eigenen Zeit. Auf die chronologischen Unterschiede in der Metrik überhaupt komme ich unten zu sprechen, bemerke hier nur, daß sich die Metrik des ganzen ersten nachchristlichen Jahrhunderts darin von der vorchristlichen lateinischen unterscheidet, daß sich für den Ditrochäus keine oder nur eine sehr geringe Vorliebe, bei gewissen Schriftstellern sogar eine starke Abneigung gegen ihn äußert. Bei Curtius findet sich diese Form etwa zu 8 %, bei Pomponius Mela etwa zu 1 % (normal 17 %, Cicero 25,3 %); man vergleiche die Tabellen. Der Dialogus erreicht gerade die normale Zahl mit 17 %, womit man die viel größere Häufigkeit bei den älteren metrischen Autoren, wie bei Ad Herennium, Cicero, Nepos, Vitruv und Asinius Pollio vergleichen mag. Der Dialogus spiegelt also die zeitgenössischen Tendenzen wider.

Aber noch in einem anderen Punkte weicht die Metrik des Dialogus von der ciceronianischen ab, hier aber zugleich von der zeitgenössischen, steht darin also ganz allein. Diese Erscheinung ist sowohl für das Stilgefühl des Tacitus im allgemeinen als auch für seine negativen stilistischen Tendenzen im besonderen, und auch für die Frage nach dem Verfasser des Dialogus außerordentlich bedeutsam. Wir müssen deshalb etwas tiefer darauf eingehen.

Im Dialogus, wie in all seinen anderen Werken, vermeidet Tacitus den Schluß _◡◡◡_×, was sich statistisch nachweisen läßt. Daß sich diese Vermeidung der Form (ich spreche nicht von einer gänzlichen Ausmerzung, sondern von einer verhältnismäßig auffallend geringen Frequenz) in den Reden aller Mitredenden im Dialogus findet, ist bezeichnend für die Bedeutung, die Tacitus dem Prinzip des einheitlichen Stils beigelegt hat. Wenn ich richtig sehe, gibt es nur folgende Fälle: 10 *adversarium superiorem*, 17 *copulare potuere,* 32 *uniforme doceamur, esse fateatur,* 33 *ostendisse videaris,* 35 *declamatio juoque adhibeatur* und 37 *oratione valuisse.* Auf die etwa 400 Schlüsse des ganzen Dialogs macht das noch keine 2 %, aus, während die normale Frequenz 2,4 %, ist, und man in einem metrischen Dialoge eine viel höhere Zahl erwarten würde; Cicero hat 4,7 %. Offenbar richtet sich diese Abneigung weder gegen die Worte *esse videaris,* noch ausschließlich gegen die Wortabteilung $- \cup \cup \cup - \vee$. Eine Abneigung nur gegen die Worte *esse videaris* würde die geringe Frequenz der Form $- \cup \cup \cup - \vee$ überhaupt nicht erklären können, und eine Vermeidung des Typus $- \cup \cup \cup - \vee$ würde erwarten lassen, daß unter den wenigen Beispielen gerade dieser Typus zurücktreten würde: gerade das Gegenteil ist der Fall; unter den Beispielen findet sich fast nur diese Wortabteilung: *copulare potuere, uniforme doceamur, esse fateatur. ostendisse videaris, declamatio quoque adhibeatur* und *oratione valuisse.* Diese Tatsache läßt sich nur so erklären, das Tacitus jeden Typus der Reihe: $- \cup \cup \cup - \vee$ gemieden hat, aber nun einmal in Übereinstimmung mit der ciceronianischen und späteren Praxis die Wortabteilung $- \cup \cup \cup - \vee$ als den allein zulässigen oder als den besonders empfehlenswerten Typus der Form betrachtete. In den Annalen fällt die Frequenz der Form sogar auf 0,6 % herab.

Mit dieser Tendenz wird man die Worte in Verbindung bringen, die Aper, Dial., 23, spricht: *nolo irridere rotam fortunae et ius verrinum et istud tertio quoque sensu in omnibus orationibus positum esse videatur. nam et haec invitus rettuli et plura omisi, quae tamen sola mirantur atque exprimunt ii qui se antiquos oratores voc⟨ab⟩ant.* Die Stelle illustriert wieder einmal die Tatsache, daß nicht e i n e r der Teilnehmer des Dialogs die Sprechtrompete des Tacitus ist, sondern, daß sie alle teilweise, jeder auf seine Art, dafür in Betracht kommen. *esse videatur* war offenbar der stereotype Namen für den Schluß $- \cup \cup \cup - \vee$, wie die von Gudemann, 367, angeführten Stellen aus den Grammatikern beweisen, z. B. Probus, cath. gramm., IV, 42, 11: trochaeus et paeon tertius facient illam s t r u c t u r a m T u l l i o peculiarem *esse videatur.* Wenn Aper nur die W o r t e *esse videatur* meinte, wäre der Satz

91

doch eine geschmacklose Übertreibung (anders Gudemann).
Gudemann hat die Metrik des Dialogus nicht verstanden; für die
geläufige Untersuchungsmethode ist es interessant zu lesen,
was er, 365, sagt: »Und doch hat er (Tacitus), was sehr
beachtenswert, nicht nur in den in seinen Geschichtswerken
eingestreuten Reden, sondern auch in dem aus Rede und
Gegenrede bestehenden Dialog auf jeden irgendwie gesetzmäßigen Numerus verzichtet, wie ich auf Grund einer eigenen,
sorgfältigen Untersuchung — mit Bornecques Zahlen war
nichts anzufangen — konstatieren kann.« Publikation der
Ergebnisse wäre sehr erwünscht, besonders um zu wissen,
wie er sich mit der Häufigkeit der Formen _ᵛ___ᵛ und
_ᵛ___ᵛ (die erstere ist im Dialogus noch häufiger als bei
Cicero) abgefunden hat.

Ich breche jetzt die Besprechung der Metrik des Tacitus
ab, weil ich hier ebensowenig wie sonstwo eine eingehende
Darstellung zu geben beabsichtigte und sich weitere Einzelheiten leicht aus den Tabellen ablesen oder durch neue
Statistiken ermitteln lassen.

Wir haben also gesehen, daß sich die Geschichtschreibung der republikanischen Zeit (Cälius Antipater, Sisenna,
Sallust, Livius) der hellenistischen Metrik gegenüber ablehnend
verhalten hat. Vom ciceronianischen Standpunkt kann man
diese Prosa als unmetrisch bezeichnen. Der Gegensatz
zwischen metrischer und nicht metrischer Prosa ist also nicht
mit demjenigen zwischen Asianismus und Attizismus identisch,
sondern er geht mit demjenigen zwischen Historiographie
und Beredsamkeit parallel. Daher werden wir jetzt die Beredsamkeit und verwandte Genera, also die metrische Prosa
der Republik, betrachten und im Anschluß daran, die Reaktion
dagegen (Brutus usw.), die ich als die antimetrische bezeichnen möchte und die mit dem sogenannten Attizismus
der klassischen Zeit zusammenhängt.

Ich sprach von »dem sogenannten Attizismus«. Zwar
haben wir uns seit dem berühmten Aufsatze von Wilamowitz
(Asianismus und Attizismus, Hermes 1900, 1 ff.) daran
gewöhnt, den Ausdruck Asianismus als ein Schlagwort im
Kampf der damaligen Parteien zu betrachten. Daß dies richtig

ist, daran zweifle auch ich nicht. Aber man soll nicht vergessen, daß es eine Stilrichtung gegeben hat, deren Übertreibungen von den Gegnern als Asianismus bezeichnet
wurden, daß aber diese Stilrichtung selbst eine durchaus
positive war, nämlich die hellenistische Rhetorik in der
römischen Prosa, also der in Rom damals herrschende Stil.
Dagegen ist (anders als in der griechischen Literatur) der
sogenannte Attizismus in Rom eine wesentlich negative
Strömung, die gegen den Zeitgeschmack Front macht. Der
Anschluß an gewisse attische Redner ist nur ein Ausfluß des
allmächtigen Prinzips der Mimesis: um sich ein gewisses
Cachet zu geben, suchten sie sich Vorbilder, die sich zeigen
ließen, und wählten dafür einige am meisten mit ihrem
Geschmack übereinstimmende attische Redner aus. Daß diese
Redner Attiker waren, darüber läßt sich nicht streiten, wohl aber
darüber, daß es d i e attischen Redner waren, so möchten sie es
nämlich selbst gerne scheinen lassen, und darauf war ihr eigener
Name »Attiker« berechnet; man soll nicht vergessen, daß sie sich
selbst diesen Namen gegeben haben, und daß dieses Wort
gerade so wie das andere ein Schlagwort im Kampf der
Parteien war. Dieser Name war dazu geeignet, den negativen
Charakter der Strömung zu verhüllen und ihr den Schein
von etwas Positivem beizulegen. Negativ war die Strömung
aber dadurch, daß sie auf jede stark pathetische Sprache
und auf den Prosarhythmus verzichteten. Es wird sich dieser
Charakter des Attizismus in der Metrik deutlich nachweisen
lassen.

VIII. Die lateinische rednerische Prosa.

Man wird a priori erwarten, daß in den letzten Jahrhunderten der Republik für die Tatsache, ob ein römischer
Prosaiker metrisch schreibt oder nicht, die Wahl des griechischen
Vorbildes maßgebend war. Wenn das Genus, an das er sich
anschließt, schon in der griechischen Literatur metrisch war,
so wird er selbst metrisch schreiben — wenn in sein Genus
die Metrik damals noch nicht eingedrungen war, wird er es
nicht darin einführen. Es würde sich daraus die Methode für
unsere Untersuchung und Darstellung ergeben: die Geschichte

der Metrik als einen Teil der Geschichte der Gene zu
betrachten und immer von den griechischen Vorbildern ausgehend die Metrik der römischen Prosaiker darzustellen.

In Wirklichkeit verhält es sich damit einigermaßen anders.
Die Metrik gehört in der hellenistischen Zeit nicht mehr zu
einem bestimmten Genus, etwa der epideiktischen Beredsamkeit, sondern sobald sich irgend eine Rede über das All-
tägliche erhebt, ist sie selbstverständlich metrisch. Was auch
Philon und Plutarch geschrieben haben mögen, es war nicht
mehr unmetrisch. Der Sieg der Prosametrik war vielmehr
so vollständig, daß das Fehlen der Metrik zu einer Eigentümlichkeit der Historiographie geworden war.

Diesen Zustand hat die römische Prosa vorgefunden und
gibt ihn bald als ein treues Abbild wieder. Außer mit der Historiographie ist die Metrik mit der Kunstprosa überhaupt und
daher mit den Persönlichkeiten, welche Kunstprosa schreiben,
verknüpft. Wo Cicero auch nur einigermaßen seine Darstellung stilisiert (und wie konnte er umhin zu stilisieren?),
in welchem Teile seiner Schriftstellerei es auch sei, in den
Reden oder in den Dialogen oder in einem Briefe, er ist nicht
mehr imstande, unmetrisch zu schreiben. Es gab ja auch
Genē, für welche sich in der griechischen Literatur keine
Vorbilder vorfanden, wie z. B. das literarische Pamphlet im
Dialogstil, wie es uns im Orator entgegentritt. Wie konnte
er anders, als diese Schrift metrisch gestalten, wenn er auch
den Eindruck einer *ars,* die wie die Bücher *de inventione*
metrisch sein mußte, vermeiden wollte; für den literarischen
Kreis, zu dem er gehörte, und für den Modestil überhaupt
war die Metrik nicht mehr das bewußte Kunstmittel, sondern
das selbstverständliche, dem sich das unmetrische als etwas
Bewußtes entgegensetzte: das letzte war entweder nur durch
das Genus der Historiographie oder durch den Standpunkt
der bewußten Opposition entschuldigt. Der Stil der Zeit
kennt z. B. keine stilisierten Briefe ohne Metrik mehr: Ciceros
Briefe sind metrisch, diejenigen des Asinius Pollio gleich-
falls, wenn auch auf eine andere Weise; diejenigen des
Brutus sind antimetrisch: er vermeidet mit Vorbedacht die
für die Gegner typischen Schlüsse, erst recht ist dies der

94

Fall in seiner Korrespondenz mit Cicero, weil Cicero diese lesen würde.

Dazu kommt, daß uns von den griechischen Vorbildern nur ausnahmsweise ein auch nur einigermaßen ausführliches Material erhalten ist. Was können wir in dieser Hinsicht für die vorciceronianische Beredsamkeit, was für Cicero selbst heranziehen? Von Molon ist nichts erhalten, und was die wenigen Fragmente des Hegesias geben, kommt nur indirekt in Betracht. Womit vermögen wir die Briefe Ciceros, den Orator und viele andere Werke, womit die Commentarii Cäsars vergleichen?

Wir sind also sowohl aus historischen als auch aus praktischen Rücksichten dazu berechtigt, die Geschichte der lateinischen Prosametrik als ein allmähliches Vordringen der quantitierenden Schlüsse über das Gesamtgebiet der damaligen Kunstprosa darzustellen. Zuerst wird davon die Beredsamkeit ergriffen, dann die *artes*, der Briefstil, die Biographie, die apologetischen politisch- und militärgeschichtlichen Memoiren, schließlich die eigentliche Historiographie (Asinius Pollio) und sogar die Fachliteratur (Vitruv, Celsus).

Wir werden damit anfangen, in den Fragmenten der älteren römischen Redner die Spuren des metrischen Schlusses nachzuweisen.

Von den ältesten Rednern, wie von Cato und Africanus minor, sind uns keine metrischen Fragmente überliefert worden. Was in diesem Sinne angeführt wird, wird meistens so aufgefaßt, weil man den Schluß _ _ _ ⌣ für gesucht hält und ihn sogar als Dispondeus bezeichnet, obwohl doch, wo keine Metrik vorliegt, selbstverständlich auch nicht von Füßen geredet werden darf. Es folgt eine Periode, in der der griechische Einfluß in gelegentlichen metrischen Fragmenten merkbar wird. Man bekommt den Eindruck, so bei C. Gracchus, daß die Hiehergehörigen im allgemeinen unmetrisch redeten, daß sie aber dort, wo sich die Rede über das Gewöhnliche erhebt, die griechische Metrik anwenden. Bezeichnend ist, daß die meisten uns erhaltenen Fragmente von Gellius und anderen unmetrisch sind, daß aber die wenigen, welche eine berechnete Metrik zeigen, besonders als solche und zugleich als Ausnahme angeführt werden (Gellius XI 13):

legebatur oratio C. Gracchi in P. Popilium, in eius orationis
principio collocata verba sunt accuratius modulatiusque,
quam veterum oratorum consuetudo fert. ea verba, sicut dixi
composita, sunt haec von einem anderen Fragmente wird
gesagt, daß es Cicero zur Nachahmung gereizt hat (Schol.
Ambrosianus Ciceronis ad erat, pro Sulla, c. 9, Orelli, p. 365):
hic, quantum mea opinio est, imitatus est C. Gracchum.
Sic ille de legibus promulgatis: Das Wichtigste an diesen
Angaben liegt also nicht nur in ihnen selbst, sondern auch
darin, daß die sonstigen Fragmente fast alle unmetrisch, diese
aber metrisch sind. Dieser Periode folgt diejenige, in der
man nur noch metrisch redet. Ihr gehört schon Q. Metellus
Numidicus an, aus dessen längeren Fragmenten sich kein
einziges als unmetrisch bezeichnen läßt. Die drei allerdings
nicht in Einzelheiten. scharf getrennten Entwicklungsperioden
sind also folgende: 1. die unmetrische, 2. die gelegentlich
metrische, 3. die metrische, die wohl ungefähr mit Q. Metellus
Numidicus anfängt und sich bis über den Ausgang des
Altertums fortsetzt; ihr gehört selbstverständlich auch Cicero
an. Wir haben schon davon gesprochen, daß es noch eine
vierte Entwicklungsstufe gibt, die aber nicht einen ganzen Zeit-
raum, sondern nur eine Gruppe von Rednern für sich in
Anspruch nimmt: die antimetrische.

1. Die unmetrische Periode. Charakteristisch für sie ist,
daß die Rede der Kunstprosa rhythmisch ist, aber nicht
metrisch, z. B. Cato bei Gellius, X, 3, wo der höhere Rhythmus
in Antithesen, chiastischer Wortstellung und vielen anderen
Mitteln, in Klimaxen und Pleonasmen geradezu aufdringlich
zutage tritt. Einige Beispiele daraus möchte ich durch den
Druck hervorheben.

dixit a decemviris parum bene sibi cibaria curata esse.
Iussit

vestimenta detrahi
atque flagro caedi.
Decemviros Bruttiani verberavere
videre multi mortales.
Quis hanc contumeliam
quis hoc imperium

quis hanc servitutem
ferre potest.
Nemo hoc rex ausus est facere.
eane fieri bonis,
bono genere gnatis,
boni consulitis?
ubi societas?
ubi fides maiorum?
Set quantum luctum,
quantum gemitum,
quid lacrimarum,
quantum fletum
factum audivi? usw.

Zu ihm gesellt sich Scipio Africanus minor; in einem kürzeren Fragmente finden sich fast nur, Reihen von Längen am Ende (Gellius, II, 20):

ubi agros optime cultos atque villas expolitissimas vidisset,
in his regionibus excelsissimo loco murum statuere aiebat;
inde corrigere viam, aliis per vineas medias, aliis per
roborarium atque piscinam, aliis per villam.

In einem längeren scheint das Vorkommen der später «gesuchten» Schlüsse (nur der Ditrochäus!) nur der steten Wiederholung derselben Worte *(mille nummum)* zugeschrieben werden zu müssen (Gellius, VII, 11).

Zum Schluß führe ich aus Macrobius (II, 10) vier Zellen mit zwei Hexameterschlüssen an: *docentur praestigias in-honestas*; *cum cinaedulis et sambuca psalterioque eunt in ludum histrionum. discunt cantare, quae maiores nostri ingenuis probro ducier voluerunt. .*

2. Die Periode der gelegentlichen Metrik. Zu ihr rechne lich, wie ich schon sagte, besonders den C. Gracchus. Daß er metrisch schreiben konnte, beweisen besonders folgende Stellen (Gellius, XI, 13): *quae vos cupide per hosce annos adpetistis atque voluistis, ea si temere repudiaritis, abesse non potest, quin aut olim cupide adpetisse aut nunc temere repudiasse dicamini* ($\smile\smile\smile\smile\_\times$, $\_\smile\smile\smile\_\times$, $\_\smile\_\times$, $\_\smile\_$ $\_\smile\times$). (Schol. Ambr. ad Pro Sulla, c. 9) *si vellem apud vos verba facere et a vobis postulare* ($\_\smile\_\times$), *cum genere summo ortus essem*

(_◡_×), *et cum fratrem propter vos amisissem, nec quisquam de P. Africani et Tiberi Gracchi familia nisi ego et puer restaremus, ut pateremini hoc tempore me quiescere, ne a stirpe genus nostrum interiret* (_◡_×), *et uti aliqua propage generis nostri reliqua esset: haud scio an lubentibus a vobis impetrassem* (_◡_×). (Cicero de oratore, III, 56, 214) *quo me miser conferam?* (_◡_ _◡_); *quo vertam? at fratris sanguine redundat* (_◡◡◡_×); *an domum? matremne ut miseram lamentantem videam et abiectam* (_◡◡◡__×).

Daß ihm die Metrik aber noch nicht, wie den späteren Schriftstellern, zur zweiten Natur geworden war, beweisen einige andere Fragmente (Gellius, XI, 10; XV, 12).

Ob M. Aemelius Scaurus noch zu dieser oder schon zu der folgenden Periode zu zählen ist, vermögen wir nicht zu entscheiden.

3. Periode. Diese läßt sich ebensowenig wie irgend eine andere geistige Strömung derart begrenzen, daß innerhalb eines gewissen Zeitraums nur eine ganz bestimmte und keine andere Stilrichtung herrscht. Man darf aber wohl sagen, daß es seit Q. Metellus Numidicus keinen bedeutenden Redner gegeben hat, der in den auch nur einigermaßen sorgfältig bearbeiteten Reden die griechische Schlußmetrik nicht befolgt, bis die Zeit für die allerdings nur kurze Reaktion gegen diese Metrik reif war. Daraus ergibt sich als etwas Selbstverständliches, daß auch Cäsar in seinen Reden metrisch spricht und schreibt. Man darf diese Tatsache nicht als Kriterium dafür verwenden, ob er zu dem immer unfaßbarer werdenden Stile des »Asianismus« gerechnet werden darf oder nicht. Daß er nun einmal Analogetiker war und dennoch weder archaisch noch in der Wortbildung schrankenlos schreiben wollte, ändert nichts daran, daß er nicht zu der literarischen Opposition gehörte, von der ich mehrfach gesprochen habe. Ich glaube schon genügend dargestellt zu haben, daß die von Norden in die moderne Literatur eingeführte Auffassung, die »Asianer« schrieben metrisch, die »Attiker« unmetrisch, unrichtig ist. Unmetrisch ist nur die Kunstprosa der älteren Redner, der Historiker der älteren und der klassischen Zeit, der literarischen Opposition in der Beredsamkeit zur Zeit Ciceros und diejenige

der archaisierenden Reaktion in der Kaiserzeit, d. h. in der Historiographie Tacitus' und in der Beredsamkeit derjenigen, die im Dialogus des Tacitus (23) erwähnt werden: *isti, qui Lucilium pro Horatio et Lucretium pro Vergilium legunt, quibus eloquentia Aufidii Bassi aut Servilii Noniani ex comparatione Sisennae aut Varronis sordet, qui rhetorum nostrorum commentarios fastidiunt, Calvi mirantur.* Wenn der Archaismus nur weit genug zurückgeht oder bei der Opposition der ciceronianischen Zeit stehen bleibt, gerät er von selbst in die nicht metrische Kunstprosa. Dazu kommt dann einiges aus der Fachliteratur, manche Briefe und Ähnliches, was nicht zur Kunstprosa gerechnet werden kann.

In diese Periode gehören also Q. Metellus Numidicus, L. Licinius Crassus, C. Titius, C. Papirius Carbo, die Beredsamkeit des Hortensius, Cicero, Cäsar, um von den späteren nur einige zu nennen. Von den ersten werde ich einige metrische Fragmente anführen.

Q. Metellus Numidicus (Gellius, I, 6): *Si sine uxore possemus* (‒◡‒ ‒◡‒ ‒◡) *Quirites, esse* (◡‒‒‒×), *omnes ea molestia careremus* (‒◡‒‒×); *sed quoniam ita natura tradidit, ut nec cum illis satis commode* (‒◡‒ ‒◡×), *nec sine illis ullo modo vivi possit, saluti perpetuae potius quam brevi voluptati consulendum* (‒◡‒×). *Dii immortales plurimum possunt* (‒◡‒‒×); *sed non plus velle debent nobis quam parentes* (‒◡‒×). *At parentes, si pergunt liberi errare, bonis exheredant* (‒◡‒×). .*His demum deos propitios esse aequum est, qui sibi adversarii non sunt* (‒◡‒‒×). *Di immortales virtutem approbare* (‒◡‒×), *non adhibere debent* (‒◡‒×). (Gellius, XII, 9) *Qua in re quanto universi me unum antistatis, tanto vobis quam mihi maiorem iniuriam atque contumeliam facit, Quirites, et quanto probi iniuriam facilius accipiunt, quam alteri tradunt* (‒◡‒‒×), *tanto ille vobis quam mihi peiorem honorem habuit* (‒◡‒ ◡◡×): *nam me iniuriam ferre, vos facere vult, Quirites, ut hic conquestio, istic vituperatio relinquatur* (‒◡‒‒×).

Ich mache noch besonders auf den metrischen Anfang des ersten Fragmentes aufmerksam, über den ich oben S. 82 gesprochen habe.

L. Licinius Crassus (Cicero, De oratore, III, 1). *An tu, cum omnem auctoritatem universi ordinis* (‿◡‿ ‿◡×) *pro pignore putaris* (‿◡◡◡‿×), *eamque in conspectu populi Romani concideris* (‿◡‿ ‿◡×), *me his pignoribus existimas posse terreri* (‿◡‿‿×)? *Non tibi illa sunt caedenda, si L. Crassum vis coercere* (‿◡‿‿×): *haec tibi est excidenda lingua* (‿◡‿×); *qua vel evulsa, spiritu ipso libidinem tuam libertas mea refutabit* (◡◡◡‿‿×).

Vgl. ibid., II, 6, 24, z. B. *negotium publicum* (‿◡‿ ‿◡×) und *quando amicorum* (‿◡‿‿×), auch II, 55, 223, und II, 40, 170 mit der Responsion *Opimium defendisti, contionibus deplorasti, a bonis dissedisti;* auch *quaesisse perspicuumsi* (‿◡‿ ◡◡×).

C. Titius (Macrobius Saturn., II, 12): *Ludunt alea, studiose unguentis delibati, scortis stipati* (‿◡‿×). *Ubi horae decem sunt, iubent puerum vocari* (‿◡‿×), *ut comitium eat percunctatum, quid in foro gestum sit, qui suaserint, qui dissuaserint, quot tribus iusserint, quot vetuerint: inde ad comitium vadunt, ne litem suam faciant* (‿◡‿ ◡◡×) usw. *tristes iubent dicere* (‿◡‿ ‿◡×), *quorum negotium est, dicunt* (‿◡‿‿×), *ipsus it minctum* (‿◡‿‿×), *literas inspicit* (‿◡‿‿◡×), *sustinet palpebras* (‿◡‿‿◡×) usw.

C. Papirius Carbo (Cicero, Orator, 63): *O Marce Druse, patrem appello. Tu dicere solebas sacram esse rem publicam* (‿◡‿‿◡×); *quicumque eam violavisset, ab omnibus esse ei poenas persolutas* (‿◡‿×). *Patris dictum sapiens temeritas filii comprobavit* (‿◡‿ ‿◡‿×).

C. Julius Cäsar. (Gellius, IV, 16, 8) *isti quorum in aedibus fanisque posita et honori erant et ornatu* (‿◡‿‿×). (Cicero, Part. or. 20) *equidem mihi videor* (‿◡‿◡◡×) *pro nostra necessitate* (‿◡‿×) *non labore non opera* (‿◡‿◡◡×) *non industria defuisse* (‿◡‿ ‿◡‿×). (Sueton, Caesar, 6) *amitae meae Iuliae* (‿◡‿ ‿◡×) *maternum genus ab regibus ortum paternum cum diis immortalibus coniunctum est. nam ab Anco Marcio sunt Marcii reges* (‿◡‿‿×) *quo nomine fuit mater* (‿◡◡◡‿×), *a Venere Iulii* (‿◡◡◡‿◡×). *cuius gentis familia est nostra* (◡◡◡‿‿×). *est ergo in genere et sanctitas regum* (‑⌣‑‑×), *quo plurimum inter homines pollet* (⌣⌣⌣‑‑×), *et caerimonia deorum* (‑⌣⌣⌣‑×), *quorum ipsi in potestate sunt reges* (‑⌣‑‑×). (Sueton, Caesar, 66) *scitote paucissimis his diebus regem adfuturum* (‑⌣‑×) *cum decem legionibus, equitum triginta levis armaturae centum milibus elephantis trecentis* (‑⌣‑×). *Proinde desinant quidam quaerere ultra aut opinari* (‑⌣‑‑×), *mihique quae compertum habeo credant; aut quidem vetustissima nave impositos quocunque vento in quascunque terras iubebo avehi* (‑⌣‑ ‑⌣×). (Gellius, V, 13, 6) *Vel pro hospitio regis Nicomedis* (‑⌣‑×) *vel pro horum necessitate* (‑⌣‑×) *quorum de re agitur refugere hoc munus, M. Iunce, non potui* (‑⌣‑ ⌣⌣×), *nam neque hominum morte memoria deleri debet quin a proximis retineatur* (‑⌣⌣⌣‑×), *neque clientes sine summa infamia deseri possunt* (‑⌣‑‑×), *quibus etiam a propinquis nostris opem ferre instituimus* (⌣⌣⌣×).

Dafür, daß er metrisch redete, ist noch überzeugender als die rednerischen und grammatischen Fragmente die Tatsache, daß sogar seine commentarii, die doch die objektive Farbe unseres modernen Historienstils anstreben und in erster Linie darauf berechnet sind, durch das Fehlen jeder rhetorischen Kunstmittel zu überzeugen, nicht ganz unmetrisch sind, obgleich sich ihre metrischen Tendenzen nur statistisch, nicht etwa durch metrische Analysen nachweisen lassen. Deutlich metrisch aber sind (eine wichtige Entdeckung von Holtz) einige Reden, darunter diejenige des Critognatus. Ich mache darauf aufmerksam, daß die Metrik dieser Rede a fortiori ganz dieselben Eigentümlichkeiten aufweist, wie die nicht rednerischen Partien des Bellum civile, also wohl auch des Bellum Gallicum; diese individuellen Eigentümlichkeiten liegen, wie so oft, nicht so sehr in der Vorliebe für gewisse Formen, sondern in den Frequenzverhältnissen: besonders die Formen ‑⌣‑‑× und ‑⌣‑ ‑⌣‑× (beide häufiger als bei Cicero!), dazu die Form ‑‑‑×, die sonst in der metrischen Prosa gemieden ist (hier fast normal), treten stark hervor; dagegen tritt die Form ‑⌣‑ ‑⌣‑ wie in der älteren Periode Ciceros etwas zurück; für die Einzelheiten vergleiche man die Tabellen. Diese Übereinstimmung zwischen den Reden und den sonstigen Partien ist bedeutsam für das antike Kompositionsgefühl, das nach

unserer Auffassung stärker im Stil als im Inhalt die Einheitlichkeit sucht, dazu für die Tatsache, daß die Metrik fast
ganz zu etwas Mechanischem geworden ist, und besonders
dafür, daß jetzt in Rom wie in der griechischen Welt die
Metrik nicht mehr an das Genus, sondern an die Persönlichkeiten oder an die Kunstprosa, man möchte fast sagen an
die Bildung, gebunden ist.

Wir dürfen es also als außer Frage stehend betrachten,
daß Cäsar in seinen Reden *numerosior* war. Können wir
nun noch mit Norden (Kunstprosa, II, 939) annehmen, daß
er ein Attizist war?: »Es ist daher bezeichnend, daß Cäsar,
der Attizist, und sein Anhänger Sallust die rhythmischen
Klauseln nicht beobachtet haben. Für Cäsar genügt es, auf
die kunstvollste Rede des ganzen Bellum Gallicum, die des
Critognatus, VII, 77, hinzuweisen; der Anfang lautet: . . .Es ist
klar, daß hier die regulären Schlüsse, umringt von so vielen
Ausnahmen, nicht auf Absicht beruhen.« Oder müssen wir
mit Holtz (C. Julius Caesar quo usus sit in orationibus dicendi
genere. Diss. Jena 1913, 59) annehmen, daß er nicht weit
von der Rhodiorum oratorum dicendi ratio absteht?

Wenn man davon ausgeht, daß es damals in Rom zwei
Schulen in der Beredsamkeit gegeben hat, die asianische und
die attische, zwischen denen die rhodische eine Mittelstellung
einnahm, und daß sich der Asianismus besonders dadurch vom
Attizismus unterscheidet, daß der erstere sehr übertrieben metrisch
war, der letztere dagegen völlig unmetrisch, fast überhaupt
unrhythmisch, so müssen wir unbedingt Holtz recht geben:
denn der Nachweis, daß Cäsar in seinen Reden metrisch
geschrieben hat, ist ihm gelungen.

Aber der Ausgangspunkt der Auffassungen beider
Forscher, von denen diejenige Holtzens selbstverständlich
ganz auf Norden zurückgeht, ist abzulehnen.

Um das zu verstehen, müssen wir den damaligen Zustand,
den uns die Texte und die Zeugnisse zeigen, ins Auge fassen.
Wir werden darauf unten bei Cicero ausführlicher zurückkommen.

Es gab damals in der griechischen Beredsamkeit den
beliebten zeitgenössischen Modegeschmack und den Archaismus,
der auf die attischen Redner zurückgehen wollte. Die römische

Beredsamkeit steht ganz im Banne jener modernen Richtung und ist vom griechischen Attizismus so gut wie unberührt geblieben. Immer schärfer und immer gewandter prägten die römischen Redner den hellenistischen Stil in der römischen rednerischen Prosa aus, und damit haben die größten Redner der klassischen Zeit, wie z. B. Hortensius, Cäsar und Cicero, ihren dauernden Ruhm erreicht. »Asianer« waren sie schon deshalb nicht, weil weder das Wort Asiani noch der Begriff Asianismus in irgend einem literaturkritischen Sinne bekannt war. Als Begriff kannte man selbstverständlich die Übertreibungen des hellenistischen Einflusses, deren sich wohl alle mehr oder weniger schuldig gemacht haben werden, wie Cicero es von sich selbst bekennt; freilich versucht er zu betonen, daß er sie nur in seiner Jugendperiode angewandt hat. Seine Absicht ist, damit zu beweisen, daß sie ihm sonst fremd waren. Aber diese Übertreibungen waren kein eigener Stil; auch wurden nicht die Wörter Asiani und Asianismus auf sie angewandt.

Dann fing eine kleine Elite von lettrés damit an, gegen diese Übertreibungen, die darauf berechnet waren, die multitudo zu erregen, Opposition zu machen. Als Attiker bezeichnete man diese Herren nicht.

Aber da haben diese viri docti und eruditi es erfunden, die Übertreibungen der Gegner und damit sie selbst mit den asiatischen Rhetoren und der orientalischen luxuria und Überschwenglichkeit samt deren üblen Beigeschmack zu verknüpfen. Eine Stütze fanden sie dabei in dem Umstande, daß es tatsächlich unter den Lehrern der Beredsamkeit in Rom viele Leute aus Asien gab, die zweifellos auch etwas von ihrem Volkscharakter in die Beredsamkeit hineinzulegen pflegten. Im Gegensatze dazu — und das war ihre schöne Erfindung — bezeichneten sie sich selbst als Attiker, was auch nichts mehr war als ein Schlagwort, denn an die attischen Redner schlossen sie sich kaum mehr als Cicero an, weil sie im wesentlichen keine archaisierende Stilrichtung wie der griechische Attizismus, sondern eine negative Oppositionsrichtung bildeten.

Im Kampfe, der in Rom zwischen dem Modestil und dem Oppositionsstil geführt wurde, ist es also eine der Parteien gewesen, die den Gegnern und sich selbst gewisse Namen beigelegt hat, von denen der eine etwas Gehässiges, der andere etwas Gutes zum Ausdruck bringen sollte. Diese Namen sind aber in der späteren Literatur überall angewandt worden, um diesen Gegensatz zu zeigen, obwohl man erwarten mußte, daß diejenigen, die sich mehr an Ciceros c. s. als an Cassius angeschlossen haben, und das waren ja fast alle, diese Wörter meiden würden.

Daß sie es nicht getan haben, ist hauptsächlich aus der Haltung, die der größte Gegner der Oppositionspartei, Cicero, diesen Namen gegenüber angenommen hat, zu verstehen.

Was das Wesen der Sache betrifft, war er, der seine allzu große Überschwenglichkeit unter dem Einfluß eines rhodischen Rhetors etwas gemäßigt hatte, ohne weiteres ein Anhänger der modernen Richtung. Daß er daher, als er in seinem rednerischen Stil und Ruhm angegriffen wurde, nur die Opposition bekämpfen und den modernen Stil verteidigen konnte, versteht sich. Das hat er dann auch in seinem berühmten und ohne Einschränkung als Muster einer gewandten Advokatenarbeit zu würdigenden Pamphlet Orator getan.

_ Denn er war ja vor allem ein gewandter und geschickter Advokat! Deshalb hat er z. B. nicht die »Asianer« verteidigt, denn was an Asien erinnerte, war nicht eben populär in Rom: er hat nur zu beweisen gesucht, daß er selbst kein Asianer war; auch hat er nicht den Gegensatz zwischen Asianern und Attikern zu verwischen gesucht: denn hier war eine zu schöne Gelegenheit zu beweisen, daß die Gegner nicht mehr als er selbst Attiker waren.

Dieses ist der Advokatencharakter des Orator, der dazu jedes Schulmeisterhafte und jedes Polemische meisterhaft vermeidet, um dem Eindruck des Kanonisierten und des Apologetischen zugleich entgehen zu können und der nicht wegen theoretischer Schärfe und Klarheit (denn diese vermissen wir), sondern als Musterstück einer meisterhaften Apologie bewundert werden muß.

Cicero verwendet also, um kurz zu sein, den Begriff, besser das Wort Attiker, um zu zeigen, daß die Gegner keine Attiker sind, und das Wort Asianer, um zu zeigen, daß er kein Asianer ist. Wie er das getan hat, darauf komme ich unten bei Cicero zu sprechen.

Daraus ergibt sich, daß es in Rom einen Gegensatz zwischen Asianismus und Attizismus, wie sich ihn Norden und Holtz denken, nicht gegeben hat. Über den Asianismus hat Wilamowitz das Wichtigste gesagt. Daß außerdem der Rhythmus und besonders die Metrik mit einem Gegensatz, der nicht besteht, nichts zu tun haben, versteht sich. Es genügt darauf hinzuweisen, daß sowohl Cäsar, den Norden als »Attiker«, als auch Asinius Pollio, den er als Fortsetzer jener unmetrischen Tendenzen betrachtet, in ihren Reden numerosi sind. Unmetrisch schrieben und redeten damals, ich wiederhole es, nur die Anhänger der Opposition.

Was schließlich die Frage betrifft, die in den Untersuchungen von Holtz eine große Rolle spielt, ob Cäsar zu den Asianern, den Attikern oder zu den Rhodiern gerechnet werden müsse, so muß man folgendes bedenken: es hat allerdings auf Rhodos eine berühmte Rednerschule gegeben, es haben rhodische Redner in Rom großen Einfluß gehabt und namentlich sind Cäsar und Cicero von ihnen beeinflußt worden. Aber der »rhodische Stil« ist eine Erfindung Ciceros, wie der »attische« und »asianische« eine Erfindung der Gegner waren. Das heißt, es gab einen Gegensatz zwischen der Moderne und der Opposition, in dem die leeren Schlagworte der Opposition: »Asianer« und »Attiker« eine Rolle spielten; das Wort Rhodii deutet aber, wenn man es nicht auf das rein Geographische beschränkt, in der Beredsamkeit nicht einmal einen scharf begrenzten Begriff an, weil es einen solchen nicht gab. Das Wort und der Begriff sind erfunden um zu zeigen, daß Cicero kein »Asianer« war. Die Frage, ob Cäsar zu den »Rhodiern« gerechnet werden muß, ist daher gegenstandslos.

Tabelle A.

	Normal Thukyd.	Gorgias		Antisth. Ai.+Od.	Alkid.	Antiph. (Diels)	Demokr. (Diels)
		Helena	Palam.				
⌣⌣⌣—	8,5	9,1	13,1	7,1	9,0	7,4	7,1
—⌣⌣—⌣—	2,1	4,5	3,1	0,0	3,8	1,9	3,5
—⌣——	14,2	4,5	19,3	59,5	23,1	11,3	24,7
—⌣———	9,4	22,7	8,1	3,6	14,1	9,4	5,9
⌣⌣⌣———	3,1	6,1	1,9	0,0	3,8	3,8	0,0
—⌣⌣⌣——	3,5	0,0	1,5		5,1	1,9	1,2
—⌣⌣⌣—	2,0	1,5	1,2		1,3	5,7	3,5
⌣⌣⌣—⌣⌣—	0,5	1,5	0,6	0,0	0,0	0,0	0,0
—⌣———⌣—	2.6	3,0	0,0	0,0	5,1	1,9	7,1
—————⌣—	3,4	9,1	3,7	0,0	2,6	1,9	10,6
—⌣⌣——	7,9	4,5	5,5	2,4	7,6	0,0	4,7
————	18,3	10,6	15,5	8,3	15,4	11,3	8,2

Tabelle

	Übersetzung des Gregorios	Übersetzung des Athanasios	Mittelwert dieser beiden nicht metrischen Texte	Sallust, Catilina
fast allgemein gesucht: 1. _ᴗ_×	18,9	15,4	17,2	12.2
_ᴗ__×	8,2	6,6	7,4	3,6
_ᴗ__ᴗ×	2,3	3,4	2,9	7.2
ᴗᴗᴗ__×	2,0	1,7	1,9	1,8
»esse videatur« usw. _ᴗᴗᴗ_×	2,8	2,0	2,4	1,0
_ᴗ_ᴗᴗ×	2,1	2,2	2,2	1,0
ᴗᴗᴗ_ᴗᴗ×	0,2	0,1	0,2	0,2
3. _ᴗᴗᴗ_ᴗ×	1,0	0,4	0,7	0,4
____ᴗ×	5,8	4,9	5,4	3,6
gelegentlich gesucht: _ᴗ_ᴗ×	4,6	4,2	4,4	2,8
in der griech. Lit. gesucht: ᴗᴗᴗ×	3,2	4,1	3,7	6,8
_ᴗᴗ_ᴗ×	1,7	2,4	2,1	1,6
fast allgemein gemieden _ᴗᴗ_×	8,5	8,1	8,3	11,8
___×	23,7	23,2	23,5	23,0
__ᴗᴗ×	4,9	7,5	6,2	9,0
sonstige Schlüsse: _ᴗᴗ__×	1,4	3,0	2,2	4,6
_ᴗᴗ__ᴗ×	1,1	1,9	1,5	1,0
für die Länge der Klausel wichtig: _ᴗ_×	18,9	15,4	17,2	12,2
_ᴗ__ᴗ_×	3,2	1,5	2,4	2,8
_ᴗ____×	3,0	3,7	3,4	4,0
Zahl der untersuchten Schlüsse	1000	1000	2000	600

B.

Sallust, Jugurtha	Caesar, B. civile II	Caesar, B. civile III	Livius IV	Livius XLII		Auctor ad Herenn.	Cicero, De inventione	Cicero, Reden		Brutus
10,0	19,5	19,5	11,4	13,0		29,7	35,6	25,3		9,0
5.2	16,5	16,5	6,9	4,6		17,9	15,0	16,2		5,0
5,6	5,0	3,0	4.7	3,5		1,8	3,4	8,3		7,0
2,8	3,0	3.0	2,0	1,1			2,2	2,9		1,0
1,0	2,0	4,0	1,4	1,3		3,5	3,8	4,7		1,0
1,8	2,0	3,0	2.3	2,0			2,4	2,8		2,0
0,4	1,0	0,5	0,3	0,2			0,8	0,1		0,5
1.0	0,0	0,0	0,3	0,2			0,6	0,4		0.5
6,2	6.5	5,5	1,6	1,7		4,2	5,4	9,7		10.5
2.0	4,5	5,0	5,2	3.2			5,2	4,9		4,5
3.6	2,0	2,5	3,5	3,6			2,8	2,3		4,5
3,2	1,5	2,0	0,7	0,9			1,4	1,2		4,5
12,2	8,0	5,0	7,0	9,1			2,0	1,9		9,5
27,6	22,5	19,0	35,7	37,3		15,5	11,8	6,4		19,5
9.4	5,0	3,5	10.2	12,3			1,6	1,8		10,5
3,4	1,0	3,0	3,4	3,1			0,6	1,4		3,5
1,6	1,0	1.5	0,0	0,4			0,6	2,3		2,0
10,0	19,5	19,5	11,4	13,0		29,7	35,6	25,3		9,0
1,4	5,5	4,5	2,0	2,6			6,2	4,0		1,5
6,4	3,5	2,5	5,5	5,1			3,2	1,5		2,5
500	200	200	1000	1000		455	500	1000		204

	Nepos	Asinius Pollio		Vitruvius	Celsus
fast allgemein gesucht: 1. _∪_×	22,6	25,9		39,2	11,4
_∪__×	12,8	11,8		7,6	21,6
_∪__∪×	3,4	2,4		1,8	9,0
2. ∪∪∪__×	1,0			3,2	2,2
»esse videatur« usw. _∪∪∪_×	4,0	4,7		3,6	3,0
_∪_∪∪×	0,4	3,5		2,2	8,2
∪∪∪_∪∪×	0,4			0,6	0,8
3. _∪∪∪_∪×	0,6			0,2	1,2
____∪×	4,2	3,5		2,4	4,8
gelegentlich gesucht: _∪_∪×	5,0	8,2		5,4	7,2
in der griech. Lit. gesucht: ∪∪∪×	4,2			1,2	3,4
_∪∪_∪×	2,0			1,6	1,0
fast allgemein gemieden: _∪∪_×	5,8	3,5		9,4	2,0
___×	18,2	12,9		15,8	10,4
__∪∪×	3,0	7,1		4,0	5,6
sonstige Schlüsse: _∪∪__×	1,2			2,2	1,2
_∪∪__∪×	3,0			0,0	0,8
für die Länge der Klausel wichtig: _∪_×	22,6	25,9		39,2	11,4
_∪__∪_×	3,8	1,2		6,0	2,0
_∪____×	3,2			2,2	1,2
Zahl der untersuchten Schlüsse .	500			500	500

B.)

Curtius	Pomponius Mela	Seneca pater	Seneca filius	Plinius maior		Suetonius	Quintilianus		Tacitus, Dialogus	Tacitus, Agricola
8,0	1,0	12,0	11,0	16,0		21,2	20,0		17,0	16,5
31,0	20,5	13,0	28,5	19,0		21,8	27,5		18,5	7,5
15,0	18,0	11,0	18,5	5,0		13,6	12,5		8,0	5.5
5,0	2,5	3,0		1,3		2,5	2,0		2,5	0,5
5.0	4,0	4,0	1,5	1,7		2,5	2,5		1,0	0.0
12,0	17,5	10,0	8,5	7,0		6,3	8,5		3,0	5,0
0,0	1,5	1,0		0,7			1,5		0,5	1,0
2.0	1,5	0,0		0,3			0,5		1,5	0,0
0,0	3,0	5,0	5,0	3,7		6,3	5,0		4,0	4,5
0,0	3,0	4,0		6,3			4,5		3,5	7,5
0,0	4,5	4,0		4,0		2,5	1,0		2,0	2,5
1,0	6,0	1,0		1,7			1,0		0,5	3,0
1,0	0,0	6,0	1,0	1,3			0,5		2,5	5,5
7,0	4,0	13,0	5,0	16,7		6,6			20,0	26,5
3,0	4,5	5,0		6,0			1,5		5,5	6,5
2,0	1,5	2,0		2,7			0,5		2,5	3,5
3,0	1,0	1,0		0,7			1,5		0,5	0,5
8,0	1,0	12,0	11,0	16,0		21,2	20,0		17,0	16,5
2,0	1,0	3,0	3,0	2,0		5,1	5,5		3,0	2,0
0,0	0,0	5,0		2,7			1,0		4,0	3,0
100	200	100	200	300		316	200		200	200

(Tabelle

	Tacitus, Annalen	Apuleius Met.	Apuleius De mundo	Florus
fast allgemein gesucht: 1. _◡_×	16,4	23,8	19,0	12,5
_◡__×	10,0	15,8	23,0	31,0
_◡___◡×	5,2	7,5	11,0	12,0
2. ◡◡◡__×	1,8	1,8	4,0	0,5
»esse videatur« usw. _◡◡◡_×	0,6	2,5	3,0	10,5
_◡_◡◡×	3,0	2,8	4,0	8,0
◡◡◡_◡◡×	0,2	0,0	5,0	0,0
3. _◡◡◡_◡×	0,6	0,8	0,0	2,0
____◡×	3,2	8,5	4,0	9,5
gelegentlich gesucht: _◡_◡×	5,6	5,8	1,0	3,0
in der griech. Lit. gesucht: ◡◡◡×	4,6	7,0	3,0	1,0
_◡◡_◡×	2,0	2,5	4,0	2,5
fast allgemein gemieden: _◡◡ ◡	6,0	1,0	6,0	0,5
___×	22,6	8,0	10,0	4,0
__◡◡×	8,2	4,5	1,0	0,0
sonstige Schlüsse: _◡◡__×	2,8	0,0	0,0	0,0
_◡◡__◡×	0,6	0,5	1,0	0,5
für die Länge der Klausel wichtig: _◡_×	16,4	23,8	19,0	12,5
_◡___◡_×	2,8	5,5	8,0	3,5
_◡____×	4,6	1,8	1,0	1,0
Zahl der untersuchten Schlüsse	500	400	100	200

B.)

Minucius Felix	Fronto	Tertullianus		Aelius Spartianus	Aelius Lampridius	Flavius Vopiscus		Novatianus	Cyprianus	Ps. Cyprianus De sing. cler.
25,6	17,6	24,0		20,5	19,0	14,0		24,8	23,0	
28,0	11,2	30,0		20,5	17,0	21,5		31,9	35,0	
18,0	10,4	12,0		12,5	11,5	8,0		4,4	16,0	
5,8	0,8	1,0		1,0	2,0	1,0			5,0	
6,6	4,8	0,0		3,5	1,5	5,0			9,0	0,0
3,6	8,0	5,0		8,5	4,0	12,5		7,1	11,0	
0,2	0,0	0,0		0,0	0,0	0,0			0,0	
0,6	0,0	0,0		1,0	0,0	0,0			0,0	
0,6	4,8	3,0		4,5	6,0	8,5		5,3	0,0	
0,6	3,2	4,0		5,0	4,0	7,5			0,0	
0,0	1,6	0,0		1,0	2,5	1,0			0,0	
0,8	4,8	2,0		0,5	1,0	1,5			0,0	
0,2	2,4	2,0		1,0	2,5	1,0		0,0	0,0	5,2
1,0	17,6	11,0		11,0	13,5	9,5		0,2	0,0	
0,4	5,6	1,0		5,5	5,5	2,0			0,0	
0,4	0,8	2,0		2,5	3,5	2,0			0,0	
0,4	1,6	0,0		0,5	1,5	1,5			0,0	
25,6	17,6	24,0		20,5	19,0	14,0		24,8	23,0	
10,0	6,4	2,0		7,0	7,5	4,0			9,0	
0,2	3,2	2,0		3,0	1,0	1,5			0,0	
500	125	100		200	200	200		114	100	328

(Tabelle

	Firmicus Maternus	Arnobius	Lactantius	Eutropius	Hilarius Pictaviensis
fast allgemein gesucht: 1. _∪_✕	17,0	24,0	21,8	16,0	27,3
_∪__✕	34,0	37,0	26,3	28,0	29,4
_∪___∪✕	21,0	12,0	10,9	8,0	12,3
2. ∪∪∪__✕	2,0	4,0	4,5	3,0	0,9
»esse videatur« usw. _∪∪∪_✕	3,0	2,0	3,8	2,0	4,8
_∪_∪∪✕	13,0	1,0	4,9	8,0	8,4
∪∪∪_∪∪✕	1,0	0,0	0,5	0,0	0,3
3. _∪∪∪_∪✕	0,0	0,0	0,7	0,0	1,5
____∪✕	2,0	0,0	4,0	4,0	0,9
gelegentlich gesucht: _∪_∪✕	2,0	3,0	5,0	2,0	0,9
in der griech. Lit. gesucht: ∪∪∪✕	0,0	0,0	1,2	2,0	1,8
_∪∪_∪✕	0,0	0,0	1,7	1,0	0,9
fast allgemein gemieden: _∪∪_✕	0,0	1,0	1,2	6,0	0,9
___✕	2,0	3,0	3,1	13,0	6,0
__∪∪✕	2,0	0,0	1,2	1,0	2,1
sonstige Schlüsse: _∪∪__✕	0,0	6,0	0,9	0,0	0,6
_∪∪___∪✕	0,0	1,0	1,7	2,0	0,3
für die Länge der Klausel wichtig: _∪_✕	17,0	24,0	21,8	16,0	27,3
_∪__∪_✕	5,0	6,0	7,3	6,0	11,4
_∪____✕	0,0	1,0	0,9	1,0	0,3
Zahl der untersuchten Schlüsse	100	100	577	100	333

B.)

Optatus	Zeno v. Verona	Priscillianus	Pacianus	Ambrosius	Ammianus Marcellinus	Symmachus	Hieronymus	Augustinus
14,5	14,5	27,0	24,0	18,0	12,6	40,0	17,0	18,0
17,0	35,0	35,5	34,0	24,4	27,4	23,0	25,0	27,8
8,5	10,0	8,5	12,0	12,0	4,0	17,0	18,6	14,0
1,5	0,0	5,5	0,0	1,6	3,2	1,0	2,0	0,2
4,0	2,0	8,0	6,0	4,0	0,2	6,5	3,2	2,6
3,0	7,0	6,5	10,0	7,8	2,4	6,5	14,4	5,0
0,0	0,0	1,0	0,0	0,4	0,0	0,0	0,2	0,0
0,0	0,0	0,5	2,0	1,8	0,2	2,5	0,8	0,2
7,0	4,0	0,0	0,0	5,8	2,4	0,5	2,4	4,1
5,5	2,5	0,0	4,0	5,6	4,4	1,5	3,6	4,4
1,5	2,0	0,0	0,0	2,6	1,0	0,5	1,8	3,8
0,0	1,5	0,5	0,0	1,0	2,0	0,0	2,0	1,8
8,0	2,5	1,0	1,0	1,0	1,2	0,0	0,6	3,2
17,0	12,5	3,0	2,0	5,2	29,4	0,5	3,2	5,0
1,5	2,5	0,5	2,0	1,6	1,8	0,0	0,8	1,6
5,5	1,0	0,5	0,0	1,4	4,2	0,1	0,0	2,0
0,5	0,5	0,0	1,0	0,8	0,6	0,0	1,4	1,6
14,5	14,5	27,0	24,0	18,0	12,6	40,0	17,0	18,0
4,5	4,5	10,5	9,0	4,6	4,0	16,5	5,4	4,8
3,0	4,0	1,0	0,0	0,8	10,2	0,5	1,6	1,4
200	200	200	100	500	499	203	498	502